Series of Ideas of History

编辑委员会

主　编

约恩·吕森（Jörn Rüsen，德国埃森文化科学研究所）
张文杰（中国社会科学院哲学研究所）

副主编

陈　新（浙江大学历史系）
斯特凡·约尔丹（Stefan Jordan，德国巴伐利亚科学协会历史委员会）
彭　刚（清华大学历史系）

编　委

何兆武（清华大学历史系）
刘家和（北京师范大学历史系）
涂纪亮（中国社会科学院哲学研究所）
张广智（复旦大学历史系）
于　沛（中国社会科学院世界历史研究所）
海登·怀特（Hayden White，美国斯坦福大学）
娜塔莉·戴维斯（Natalie Z. Davis，美国普林斯顿大学）
索林·安托希（Sorin Antohi，匈牙利中欧大学）
克里斯·洛伦茨（Chris Lorenz，荷兰阿姆斯特丹自由大学）
于尔根·施特劳布（Jürgen Staub，德国开姆尼斯技术大学）
卢萨·帕塞里尼（Luisa Passerini，意大利都灵大学）
埃斯特范欧·R.马丁斯（Estevao de Rezende Martins，巴西巴西利亚大学）
于尔根·奥斯特哈默尔（Jürgen Osterhammel，德国康斯坦茨大学）

历史的观念译丛

世界史的理念
兰克史学文选之二

〔德〕利奥波德·冯·兰克 著
〔德〕斯特凡·约尔丹 〔德〕约恩·吕森 编
王韶阳 燕宏远 齐树仁 译 杨璇 校

Idee der Universalhistorie

Leopold von Ranke

北京大学出版社
PEKING UNIVERSITY PRESS

图书在版编目（CIP）数据

世界史的理念：兰克史学文选之二 /（德）利奥波德·冯·兰克著；王韶阳，燕宏远，齐树仁译 . -- 北京：北京大学出版社，2025.3. --（历史的观念译丛）. -- ISBN 978-7-301-35731-6

I. K107-53

中国国家版本馆 CIP 数据核字第 2024PM6790 号

书　　名	世界史的理念：兰克史学文选之二 SHIJIESHI DE LINIAN: LANKE SHIXUE WENXUAN ZHI'ER
著作责任者	〔德〕利奥波德·冯·兰克（Leopold von Ranke）著 王韶阳　燕宏远　齐树仁　译
责任编辑	李学宜　杨渊清
标准书号	ISBN 978-7-301-35731-6
出版发行	北京大学出版社
地　　址	北京市海淀区成府路 205 号　100871
网　　址	http://www.pup.cn　新浪微博 @ 北京大学出版社
电子邮箱	编辑部 wsz@pup.cn　总编室 zpup@pup.cn
电　　话	邮购部 010-62752015　发行部 010-62750672 编辑部 010-62707742
印 刷 者	大厂回族自治县彩虹印刷有限公司
经 销 者	新华书店
	650 毫米×965 毫米　16 开本　14.5 印张　165 千字 2025 年 3 月第 1 版　2025 年 3 月第 1 次印刷
定　　价	55.00 元

未经许可，不得以任何方式复制或抄袭本书之部分或全部内容。
版权所有，侵权必究
举报电话：010-62752024　电子邮箱：fd@pup.cn
图书如有印装质量问题，请与出版部联系，电话：010-62756370

〔德〕利奥波德·冯·兰克(1795—1886)

"历史的观念译丛"总序

序一

  在跨文化交流不断加强的当下，如影相随的是，我们面对着全球化时代的一种紧迫要求，即必须更好地理解文化差异及特殊性。由中外学者携手组织的这套丛书，将致力于把西方有关历史、历史编纂、元史学和历史哲学的话语带入中国历史文化的园地。

  历史论题是人类生活中极其重要的元素。在历史中，人们形成并且反映了他们与其他人的认同感、归属感，以及与他者的差异。在归属感和差异的宽泛视界中来看待"世界诸文明"，人们才能够谈及"文化认同"。历史学家们的专业学术工作往往涉及并依赖于认同形成的文化过程。由于这种牵涉，无论历史学家是否意识到，政治都在他们的工作中起着重要作用。不管学术性的历史研究仅仅是作为资政的工具，还是因其方法的合理性而有着特别功能，这都已经是公开的问题。

  关于历史思维的学术地位的许多讨论，还有它对"客观性"或普遍有效性的执着，都与世界范围内现代化过程中的历史思维之发展联系在一起。在这一过程中，历史思维获得了学术学科或者说"科学"（Wissenschaft，采该词更宽泛的意义）的形式。历史学研究的传统，其自尊就在于，它声称与非专业历史学相比有着更高层次的有效性。一般用的词就是"客观性"。与这种对客观性的执着相反，许多重要论述进入了历史学家的自我意识，这牵涉他们与各自国家历史文化的相互关系。例如，后现代主义极力否认客观性这种主张，并且指出，尽管历史研究有其方法的合理性，而在历史研究之外的政治利益、语言假定和文化意义标准等等，历史的解释却对它们有一种根本的依赖。

在意识到了记忆的作用，并且意识到了非专业性因素在异彩纷呈的人类生活领域中表现过去的作用之后，发生在历史学内外的、有关历史思想以及它作为学术学科的形式的讨论，就因这种新的意识而被扩大了。在人类生活的文化定向中，记忆是一种巨大的力量，它似乎要取代历史在那些决定历史认同的行为中所处的核心位置。这样一种更迭是否会造成足够重要的后果，影响到历史在民族文化生活中的角色，这一点还未有定论。只要记忆与"实际发生的"经验相关，历史就仍然是对集体记忆中这种经验因素的一种言说。

历史知识与历史谬误：当代史学实践导论"历史的观念译丛"总序在反思历史思想与职业历史学家的工作时，这种视界的扩展因为如下事实而获得了额外的扩大和深化，即人们为了理解现在、期盼未来而研究过去的方式存在着根本的文化差异；没有这样的洞见，就不可能正确地理解历史。既然认同关系到与他者的差异，而历史是呈现、反思和交流这种差异的领域，历史学家的工作就必然一直处在对付这种差异的张力之中。"文明的冲突"便是一个口号，它表明，通过回忆和历史形成的认同中存在着紧张因素。

既然认同不只是界定和奋争的事情，它同时还是理解和认知，为此，这双重因素在历史话语中都必须主题化。每一种认同都因识别出他者而存在，而各种认同或认同的文化概念之间的张力以至于斗争或冲突，都不得不被理解为一种认知的要求。是什么使得他者出现差异呢？

对此不理解，认知就不可能实现。这样，就必须了解他者的差异中那些强有力的文化要素和过程。

进而，若缺少贯穿这种差异的可理解性原则，认知也不可能实现。就学术性话语的层面而言，在将历史认同主题化，使之成为差异的一个事例时，这些普遍的要素和维度与专业性历史思维的话语特征有着本质上的关联。

这就是本丛书的出发点，它想把西方世界人们理解、讨论、扩展、批判和利用历史的途径告诉汉语世界。

这套丛书可谓雄心勃勃，它试图展现西方历史话语的整个领域。在思考历史的西方人眼中，西方历史思想是什么？谁的观点成了有影响的观点？想象一种单一的西方历史思想类型，并以之与非西方的中国人或印度人的历史思想相比对，这相当容易。但更进一步，人们就会发现，西方并没有这样一种类型，即单一的"观念""概念"或者"根本"。相反，我们找到了一种话语，它呈现出各种不同概念、观点和实际作用之间错综分合的交流。这套丛书便展现了这种多样性和话语特征，当然，非西方世界也会有类似情形。

本丛书分为作者论著和主题文集两类出版。第一类选取作者对历史话语而言有着重要地位的作品，第二类则选取体现历史话语中的一些中心主题的作品集。每一卷都有介绍该作者或主题的导论、文本注释和文献目录。

本丛书期待对历史学领域中在新的层次上并且是高质量的跨文化交流有所贡献。抱着这种呈现更广泛的意见、立场、论证、争执的雄心壮志，它希望成为跨文化交流中类似研究的范例，使不同文化彼此得到更好的理解。在跨文化交流与对话的领域内，就一种对文化差异彼此了解的新文化来说，这种理解是必要的。

约恩·吕森
2006年5月于德国埃森

序二

近代以来，西方历史思想家为人类提供了丰富的历史思想资源。历史的观念经过一代代思想家的演绎，构成了多元的话语系统，而且，这个系统还随着思想家们不断地思考、表现而获得扩充。

我们往往通过书本了解思想家们对历史的看法，但对于读者自身而言，我们却不能只是从书本中去理解历史。事实上，我们就生活在历史中，这并不是说我们现在的经历将成为历史，而是指我们身边的每一处能够被言说、被体悟的事情，如果不能够获得历史解释，它都无法进入理性的思索之中。从历史中获取意义，获取人生在某个时刻具有的确定性和行动的立足点，这是试图了解历史的人所追求的。但这样一种能力对于个人而言并不是可遗传的或可积累的，每个人都不得不在自己的生活中重新发展它。思想家们对过去的理解与认识、对历史这个观念的思考，以及对与历史相关的一些问题的探询，这些都只为我们耕耘未来生活这块荒原提供各式各样的工具，却不提供秋收的果实。

系统地译介西方史学理论或历史哲学作品，一直是20世纪以来几代中国学者的梦想。这个梦想曾经深藏在何兆武先生年轻的头脑中，此后，他身体力行，译著丰卓，为拓展国人的历史思维付出了不懈的努力。如今，跨文化交流的加强，以及国内学术事业的繁荣，使得这一梦想更有可能变为现实。

本丛书有幸得到了德国学者约恩·吕森教授的大力支持。吕森教授认为，加强跨文化交流有利于创造一种新的世界文化，现存诸种文化可以包含在其中，且它们了解彼此的差异，尊重彼此的习惯；平等交流使得我们可以跨越文化鸿沟，同时拓宽我们理解历史的文化限度。这也是中方编者的初衷之一。这样，中德双方组织者表现出极大的热忱。从丛书框架、选题的设计，到约请编译者，乃至沟通版权，一项项艰巨的任务在数年来持续不断的交流与努力中逐渐得到落实。

丛书编者有着极大的雄心，希望以数十年的努力，将西方18世纪以来关于历史、历史编纂、元史学和历史哲学的重要文献渐次翻译，奉献给汉语世界。如果可能，这套丛书还将涉及非西方世界史学思想的文献。

显然，这套丛书的出版是一项跨文化交流的成果，同时也是一项民间的学术事业，在此，我们要对所有帮助这套丛书出版的编者、译者、出版者表示感谢。愿这样的努力，也能够得到读者的关注、批评与认可。

张文杰　陈　新
2006年5月

目 录

编者导言／约恩·吕森　斯特凡·约尔丹　　1

未完成的作品　　001

致弟弟海因里希的一封信　　003

《罗曼与日耳曼族群史》前言　　007

致弟弟海因里希的书信　　011

理论的影响　　018

论精神活动　　023

关于世界史的理念的讲座的导言　　028

列强——历史观点的未完成作品　　047

当代史讲座导言　　093

政治对话　　099

历史与政治的关系和区别　　132

自《威斯特伐利亚和约》以来的近代史讲座的导言　　146

古代世界的历史讲座导言　155

中世纪史讲座导言　164

历史委员会备忘录　171

《17世纪英国史》第8卷导言　179

沉　思　183

口述记录摘要　185

附　录　190

译后记　195

编者导言

约恩·吕森　斯特凡·约尔丹

如同有"历史学之父"美名的希腊最早的历史学家希罗多德（Herodot，大约在公元前484年生于爱琴海畔的哈利卡那苏斯城，卒于公元前425年）一样，利奥波德·冯·兰克（Leopold von Ranke，1795—1886）常常被称为近代德国"历史学之父"。对于兰克的这种评价，一方面，似乎有些过高，因为德国早在18世纪下半叶就开始了历史学作为一门独立学科的专业化和科学化进程；不过，从另一方面来看，德语地区确实没有哪位历史学家能够像兰克那样，不仅对自己国家而且对其他国家和民族的历史学的形成产生过如此重大的影响。属于兰克学派的历史学家，有格奥尔格·魏茨（Georg Waitz，1813—1886）、威廉·吉泽布雷希特（Wilhelm Giesebrecht，1814—1889）、海因里希·冯·西贝尔（Heinrich von Sybel，1817—1895）和瑞士人雅各布·布克哈特（Jacob Burckhardt，1818—1897）——他后来为艺术－文化史的发展指明了方向，以及阿克顿勋爵（Lord Acton，1834—1902）——他对19世纪末期的英国历史学发挥了决定性作用。以上提及的各位历史学家都是积极接受兰克思想的欧洲代表人物。乔治·班克罗夫特（George Bancroft，1800—1891）则在美国传播了兰克思想;兰克去世之后,他的私人藏书也卖到了美国(纽约锡拉丘兹[Syracuse]大学)。直至今天,当人们进行所谓后现代化的国际性讨论,特别是研究如何区别历史事实与历史撰述的时候,往往还要谈及兰克关于科学客观性(wissenschaftliche Objektivität)和个人无先入之见(persönliche Unvoreingenommenheit)的理想主张。

一、兰克其人

利奥波德·冯·兰克是历史学方面的非凡人物,他的出身,特别是他早期的发展和成长过程在19世纪初期的大多数德国历史学家当中是很典型的。像他的大部分专业同行一样,兰克出生于一个新教(基督教)神学家家庭。有证据表明,他的祖先从17世纪中叶起就是曼斯费尔德(Mansfeld,在图林根[Thüringen])伯爵领地的牧师。他的祖父约翰·海因里希·伊斯拉埃尔·兰克(Johann Heinrich Israel Ranke,1719—1799)在温斯特鲁特河畔(Unstrut)的里特堡(Ritteburg)担任牧师。正统的虔信的家庭职业传统在兰克的父亲戈特洛布·伊斯拉埃尔·兰克(Gottlob Israel Ranke,1762—1836)这一代中断了,他在温斯特鲁特河畔的维厄(Wiehe)开业当律师和法律顾问。他继承了母亲的一笔遗产,从而保证一家人能过上舒适的中产阶层的生活。尽管兰克的名字"利奥波德"后面不再按照家庭传统继续加上《旧约》教名"伊斯拉埃尔",而是在前面加上了德意志民族神圣罗马帝国最后一位皇帝的非《圣经》名字"弗朗茨"(Franz),但兰克一生都受到了他虔诚信仰基督教的家庭的决定性影响。新教信仰和中产阶层出身形成了兰克早期乃至他毕生事业的重要特色。兰克从青年时期直至大学时期的作品，主题多为宗教问题，例如《教皇史》和《宗教改革时期的德意志史》也是致力于教会和宗教历史题材的。他其余的著作同样反映出明显的新教世界观。

1795年12月21日，（弗朗茨·）利奥波德·兰克生于维厄。他是家中长子，下面有8个弟弟妹妹。父亲名叫戈特洛布·伊斯拉埃尔·兰克，母亲名叫弗里德里克（Friederike，1776—1836），她的父姓是勒米克（Lehmicke）。兰克小时候先是接受父亲的启蒙教育，1807年春天开始上多恩多夫（Donndorf）修道院的寄宿学校。1809年5月，转到了位于普福尔塔（Pforta）的一所很有名气的萨克森邦贵族学校，在那里学习了全面的文科知识。1814年复活节，兰克从文科中学毕业，之后获准在莱比锡（Leipzig）大学注册入学。他决心选择研究神学的道路。他的两个弟弟海因里希（Heinrich，1798—1876）和恩斯特（Ernst，1814—1888）也选择了同样的职业生涯。后来兰克的职业愿望发生了变化，因为他在学习福音新教神学和语文学的过程中深受他的大学老师戈特弗里德·赫尔曼（Gottfried Hermann，1772—1848）和克里斯蒂安·丹尼尔·贝克（Christian Daniel Beck，1757—1832）的影响。赫尔曼介绍兰克成为莱比锡语文学协会的成员，指导他学习并掌握了文献考证和注释等研究方法。赫尔曼本人主要研究修昔底德（Thukydides）的著作。后来兰克正是在他那里获得了博士学位。赫尔曼是德国"语言语文学"（Sprachphilologie）的独具风格的维护者，他所代表的语文学主张审慎地对文献进行注释。兰克的另一位老师贝克虽然没有那么大的名气，但在科学认知方面更为现代，他属于"内容语文学"（Sachphilologie）的代表。"内容语文学"的目的在于从历史前后关系上解释著作，而"语言语文学"强调的是对于历史知识的叙述。兰克在大学学习期间就对涉及史实和史料的文章颇为敏感，同时他十分强调对这些文章进行考证和评注的必要性。除此之外，兰克从大量阅读中所获得的经验更增强了他对历史的兴趣。巴托尔德·格奥尔格·尼布尔（Barthold Georg Niebuhr，1776—1831）关于罗马史的讲稿于1811—1812年印成了两卷集，这两卷《罗马史》成了兰克对历史资料进行考证研究工作的楷模。另外，兰克还非常喜欢沃尔特·司各特（Walter Scott，1771—1832）的历史小说，特别是他于1814年出版的《威弗利》（*Waverley*）。从这里人们不难找到兰克著作极具叙述才能的根源。

1817年，兰克获得了博士学位，并在柏林通过了获取高级教师职位资格的国家考试。第二年，他取得了在奥得河畔法兰克福市一所高级文科中学教历史和古代语言的首席教师职位，同时开始撰写他的处女作《罗曼与日耳曼族群史（1494—1514）》，该书于1824年11月出版。正是凭借这本书，兰克在1825年4月被任命为柏林大学历史学副教授。在普鲁士首都柏林，兰克和拉埃尔·瓦恩哈根（Rahel Varnhagen，1771—1833）的文学沙龙有了接触。1825年2月，拉埃尔·瓦恩哈根的丈夫卡尔·奥古斯特·瓦恩哈根·冯·恩瑟（Karl August Varnhagen von Ense，1785—1858）在《施佩纳报》（*Die Spenersche Zeitung*）上发表了一篇赞扬性的评论，从而引起了公众对于兰克著作的兴趣。在瓦恩哈根家里，兰克和一些普鲁士早期著名的知识分子有了联系。他们当中有自然科学家亚历山大·冯·洪堡（Alexander von Humboldt，1769—1859），神学家和哲学家弗里德里希·施莱尔马赫（Friedrich Schleiermacher，1768—1834），雕刻家克里斯蒂安·劳赫（Christian Rauch，1777—1857）和约翰·戈特弗里德·沙多（Johann Gottfried Schadow，1764—1850），建筑师卡尔·弗里德里希·申克尔（Karl Friedrich Schinkel，1781—1841），以及作家贝蒂纳·冯·阿尼姆（Bettina von Arnim，1785—1859）、路德维希·蒂克（Ludwig Tieck，1773—1853）和海因里希·海涅（Heinrich Heine，1797—1856）。1827年，兰克出版了他的第二本书，即《16、17世纪南欧的诸侯和人民》。在这本书里，兰克阐述了16、17世纪欧洲的国家制度。此书出版后不久，兰克得到了一笔普鲁士奖金，于是1827年9月在欧洲进行了一次研究工作性质的旅行。他相继访问了维也纳、威尼斯、佛罗伦萨和罗马。利用这次旅行的机会，兰克会见了许多有影响的学者，并进行了艺术史方面的研究，特别是访问了意大利的档案馆。在这些档案馆里，他搜集到了大量的原始档案资料，其中最著名的是被称为"威尼斯报告"的各国驻意大利公使为本国政府撰写的汇报，这些资料成了兰克后来撰写许多著作的原始依据。

1831年初，兰克返回柏林。不久，普鲁士政府聘请他担任《历史政治杂志》（*Historisch-politische Zeitschrift*）的编辑工作。这份杂志是普鲁士政府针对1830年夏季在许多欧洲国家发生的动乱作出的反应，政府企图利用这份杂志为普鲁士国家政策做宣传。兰克在1831年11月接受了这一职务，总共负责编辑出版了5期杂志。该杂志由于办得不成功，在1836年宣告停刊。兰克之所以未能使这份杂志与他一样受到公众的广泛关注，原因是多方面的：首先，从兰克的工作方法来看，他更适合做学者而不是当记者，对此兰克有自知之明，早在1831年他就表露过对杂志编辑工作的担忧；其次，他的文章多集中于历史题材而对杂志的政治方面关注太少；另外，该杂志缺少一个得力的工作班子，以至于兰克不得不亲自撰写大部分文章，而且，兰克在他的不少短篇文章中又没有很明确地表述他的历史哲学和政治观点，通常只是在其历史学著作的边注中含蓄地阐述自己的理论根据。

在从事《历史政治杂志》编辑工作的同时，兰克并没有停止他自己的历史学术研究：1833年，他创立了柏林专题研讨班（Seminar），由此为历史学的持续发展创立了一种典范性的教学机制。在专题研讨班里，他讲授自己以原始历史资料和客观事实为基础的历史学观点。从兰克的柏林专题研讨班里产生了许多重要的历史学家，他们在兰克身后继续在各自的教学和学术活动中传播兰克的历史理念。1834年，兰克被任命为正教授，同年出版了他的《教皇史》第一卷（共3卷，1834—1836年陆续出版）。这部书由于在认识论和史料评注方面的独创性而再次引起学术界的轰动。因为书中有一些反天主教的章节，在1841年被列入了禁书目录，其结果反而使得该书不仅在德国而且在德国以外的地方也引起了特别的重视。兰克于1839—1847年出版的6卷本《宗教改革时期的德意志史》同样具有强烈的宗教信仰色彩。这部6卷的大书充分表明了兰克对历史的百科全书式的综合概述能力。从兰克接着出版的《普鲁士史九书》（3卷，1847—

1848)、《16、17世纪法国史》(5卷，1852—1861) 和《16、17世纪英国史》(7卷，1859—1869) 等一系列历史著作中，人们可以更清楚地看到他为撰写欧洲通史所做的努力，而这种努力在其未能全部完成的《世界史》(16卷，1881—1888) 计划中达到了顶峰。

《普鲁士史九书》的最后部分涉及1848年的形势。如同在欧洲的大多数国家一样，当时在普鲁士也发生了市民暴动和革命。兰克的一些自由派同事，例如约翰·古斯塔夫·德罗伊森 (Johann Gustav Droysen，1808—1884)、弗里德里希·克里斯托夫·达尔曼 (Friedrich Christoph Dahlmann，1785—1860) 都成了法兰克福国民议会的议员。然而保守的兰克和他们不同，他不主张为建立一个立宪基础上的统一德意志国家而斗争。对于市民暴动和革命，兰克原则上采取了拒绝的态度，并称革命运动是"民众要求打倒一切的狂热"。1832年兰克被选为柏林科学院院士。1841年兰克被誉为"普鲁士国家历史学家"，这一荣誉称号意味着作为普鲁士君主国拥护者的兰克被允许进入所有的国家档案馆，而其他历史学家则被拒之门外。1850年兰克被授予二级红鹰勋章，1855年被授予科学和艺术功勋勋章，1867年成为科学和艺术学院院长。自1854年起，兰克一直是普鲁士国务委员会委员。1865年兰克获得了可由子孙承袭的普鲁士贵族身份。从这时起，兰克一直佩戴着他的家族徽章，上面刻有他的座右铭 "Labor ipse voluptas（工作即快乐）"。在他离世前4年，兰克还最后获得了普鲁士枢密顾问的头衔。

兰克的学术成就不仅在普鲁士受到承认和敬重，其他地方的许多大学包括哥廷根大学和慕尼黑大学也都聘请他去讲学，对这些邀请他都一一婉拒，然而，他却接受了对历史颇感兴趣的巴伐利亚国王马克西米利安二世·约瑟夫（Maximilian II. Joseph，1811—1864，简称König Max［马克斯国王］）的邀请，为其开展私人讲座。讲座的内容在兰克身后于1888年出版成书，题目为《论近代历史的各个时代》（Über die Epochen der neueren Geschichte，亦即中译本《历史上的各个时代》）。该书可以说是关于兰克历史认识论的方法和体系的最为简明扼要的论述。兰克自1835年起一直是慕尼黑巴伐利亚科学院的通讯院士，1853年他荣获巴伐利亚君主授予的勋章。一年之后，即1854年，在马克西米利安二世位于贝希特斯加登（Berchtesgaden）的别墅及其附近的维姆巴赫（Wimbach）狩猎之家，兰克为这位君主做了19次讲座，并且在讲座之后与其进行了讨论。兰克与巴伐利亚国王的会面很有意义，因为会面本身就说明了信仰新教的兰克同时也得到了来自天主教方面的尊重。另外，这位巴伐利亚国王还根据兰克的建议于1858年设立了"历史委员会"（Historische Kommission）。这个历史委员会至今仍然是德国大学以外的一所最为重要的历史学研究机构。直至1873年，兰克一直担任该委员会主席。

兰克从来都把他的职业生涯放在首位，其次才是私人生活。他的夫人克拉丽莎（Clarissa，1808—1871）是爱尔兰首府都柏林警察局局长约翰·格雷夫斯（John Graves，1776—1835）的女儿。夫人的弟弟罗伯特·珀西瓦尔·格雷夫斯（Robert Perceval Graves，1810—1893）是英国利默里克（Limerick）圣公会主教。为了研究和搜集历史资料，兰克经常访问德国和其他欧洲国家的档案馆。有一次兰克到法国进行研究工作，在巴黎结识了他未来的妻子。他们于1843年在英国北部的温德米尔（Windermere）结婚。婚后育有4个孩子：长子奥托（Otto，1844—1928），后来在柏林担任牧师；次子弗里都赫尔姆（Friduhelm，1847—1917），是位军人，军衔至普鲁士少将；也许是出于父母对巴伐利亚国王的崇敬，唯一的女儿起名为马克西米利安娜（Maximiliane，1846—1922），她嫁给了普鲁士贵族、地产主威廉·冯·科策（Wilhelm von Kotze，1840—1901）；最小的儿子阿尔布雷希特（Albrecht），1849年出生几个月之后就夭折了。兰克夫人的嫁妆十分可观，从而使得兰克能够在柏林过上超越他所从事研究工作收入的家庭生活，此外还让他拥有两万多册私人学术藏书。这些书籍连同家具在兰克去世之后全部卖到了美国（现存锡拉丘兹大学）。兰克还从他擅长写作的夫人那里受到不少艺术启迪。兰克和夫人的天分由他们的子孙后代继承下来了，其中一位就是英国作家罗伯特·冯·兰克－格雷夫斯（Robert von Ranke-Graves，1895—1985）。

兰克人生的最后岁月是在疾病的阴影下度过的：19世纪50年代，他的夫人受到渐渐恶化的脊髓病的痛苦折磨，靠轮椅代步。兰克在他夫人去世的1871年退休，此后集中精力出版他的《全集》（54卷，1867—1890年陆续出版）。这时候他几乎双目失明，曾多次跌倒而身受重伤。到生命的最后阶段，他又渐渐失去了听力。1886年5月初，兰克在自己的住宅里最后一次摔倒，之后卧床不起。1886年5月23日，兰克逝世，三天之后官方为他举行了隆重的葬礼。兰克长眠在柏林的索菲教堂墓地（Sophienfriedhof）。

二、兰克的历史观

我情愿忘却自我而只讲述能够彰显强势人物的事情。

——摘自兰克《16、17世纪英国史》第2卷
（又见《全集》第15卷，莱比锡，1877年，第103页）

利奥波德·冯·兰克比19世纪任何一位德国历史学家都更强调科学"客观性"。这是有据可查的。实际上兰克"忘却自我"（Selbstauslöschung）的说法也许正是对这位潜心钻研其学术的历史学家最为贴切的描述。"客观性"在这里应理解为走出自我、不加任何其他补充的对于客体的描述。所以从这个意义上讲，"历史"（Geschichte）是对以往现实的一种写照。兰克有一句在世界范围内常被引用的名言：历史学家"只是要表明，过去究竟是怎样的"（bloß zeigen, wie es eigentlich gewesen）（这句引语出自兰克《罗曼与日耳曼族群史》一书的前言）。不过，许多历史学家都认为兰克的这个"愿望"过于天真。比如和兰克同时代的约翰·古斯塔夫·德罗伊森在其《历史知识理论》（*Historik*，1857/1858）一书中就指出，过去发生的事情是不可能再现的。历史不是以过去发生的事情而是以迄今为止的流传为基础的：这就是历史的出处。此外，他还指出，历史学家不可能也不允许忘却自我。相反，历史学家应该也必须寻找有关过去事情的原始资料，对原始资料加以解释并说明这种解释的含义之所在，以便读者能够获悉事物的全貌。

在这些评论面前，兰克的客观性主张乍看起来确实显得不切实

际。不过，针对兰克的所有指责都没有涉及兰克本人是否在其理论指导之下对于历史事件作出过错误主观的判断，抑或在有关重要历史事件的叙述和分析方面存在问题。人们只是评论兰克"客观性"概念本身的天真和不切实际，但并没有指责兰克其人。相反，后来的历史学家倒是常常援引和运用兰克的"客观性"概念。兰克的"客观性"概念基于19世纪上半叶人们对于历史的普遍认识。兰克主要是从理论上强调并使用"客观性"这个概念，他并没有把"客观性"纳入自己实际研究的范畴。他很清楚这两者之间的差别。他曾经这样写道："我提出了一种理想，人们会对我说，这种理想无法实现。但现实告诉我们：一个人的思想可以无限，但他所能取得的成就天生有限。"（兰克：《思考》，第114页）从这里我们可以看到，兰克是把历史客观性视为一种理想，一种历史学家应该具有然而又是永远难以实现的理想。

兰克的名字还和历史学的学术机构密切相关，特别是他创立的历史研讨班，更是闻名遐迩。在这种研讨班里，学生们学习如何批判性地对待史料，并被培养成为专业的历史学家。这些学生由于受到良好的专业培训而有望成为各自国家和民族历史文化的真正代言人。如果更深入地研究兰克的著作，还会发现他更多的有趣主张。兰克于1831年撰写的《世界史的理念》（Idee der Universalhistorie）序言第一段可以看作是其史学理论的一个梗概。兰克在这个梗概里着重强调，历史学不仅仅是一门科学，它还具有艺术活动的特点。他写道："历史学与其他学问的区别在于，历史学同时也是艺术。"由此，兰克提出了一个直至近几十年来才被专业历史学家视为不言而喻的主张，亦即，修辞严谨和文笔优美的历史著作对于认识和研究历史十分重要。

在19世纪渐渐成为一门专业学科的历史学虽然从来不曾忽略过这种艺术美学观点，但并没有能够使之成为历史学中的专业共识。只有德罗伊森等少数历史学家真正拥护这种主张。在历史学框架之内对于历史的思考可以看作是一种研究。研究的结果往往是以文章的形式出现。而此类文章的撰写原则与历史研究本身的规则和方法是不同的，对于这个问题人们并没有给予足够的重视。然而，兰克清楚地看到了历史科学的这种双重特点。他曾经这样写道："历史科学要对事物进行收集、发现和深入探讨；艺术则是对所发现、所认识和所发生的事物进行叙述。"在这里，兰克对于历史学工作用了三个动词进行概括，即收集、发现和深入探讨（Sammeln, Finden und Durchdringen）。这是兰克对历史学的核心工作程序所作的富有独创性的概括。德罗伊森又从启迪、批判和解说（Heuristik, Kritik und Interpretation）三个方面进一步说明了历史学研究工作的内容。"启迪"是要求对史料进行检验，即系统地审阅迄今为止仍然具有经验意义的历史事物，从而能够依据内容丰富的经验回答历史上所提出的问题。"发现"是指史料批判的历史学方法：运用这种方法对从过去到今天经验性的信息在多人共识的基础上进行审核和查实。这里涉及的是事实（Fakten），是一种准确的审核，要能够说明过去发生了什么事情，这事情是什么时候发生的，在什么地方发生的，怎样发生的以及为什么会发生。

兰克对历史学研究工作本身的阐述对于历史学成为一门独立的

学科起了很大作用，也使得他的名字成为历史学的象征。兰克很清楚，"深入探讨"实际上也必须贯穿在"发现"的过程当中。具体的方法则正如德罗伊森所称的"解说"，即对经史料批判而确认的事实必须深入探讨其内在意义上的相互关联，然后以清晰优雅的语言重新描述出这种内在关联。后者对于兰克来讲不再是科学研究，而是艺术工作。对此，他曾经这样写道："其他学科完全满足于记录所发现的事物，历史学则要求对所发现的事物具有一种再创作的能力"，而且这种"再创作的能力"应该真正符合美学规范。这里的关键在于通过叙述准确地表达出历史事件的真相和意义。兰克依据史料批判所撰写的处女作《罗曼与日耳曼族群史》使他一举成名。他的声望不仅在于他所发表的关于史料的研究和批判本身，更在于他叙述历史的能力。他是一位历史叙述者，他做出的"大师级的叙述"涉及近代早期欧洲大国之间的相互关系及其内部状况。兰克撰写历史的主要依据是外交公文和资料。他是如何将撰写历史与客观性标准相结合的呢？这个问题可以从他对一些具体历史事件的描述中找到清楚的答案。然而，关于他的客观性理想与卓越的叙述能力之间究竟有何内在联系，这一问题还有待进一步的研究分析。不过，有一点足以证实兰克的史学研究具有客观性：我们知道，作为著名历史学家的兰克身处单一民族国家林立的时代，然而却鲜有人质疑兰克的历史观念带有民族狭隘性。兰克的视野的确十分开阔。他本人称自己的视野是普遍性、世界性的。今天我们认为，他的视野是真正欧洲性的。

兰克的历史观念与他的一些同行前辈明显不同。19世纪上半叶有一批历史学家,其中包括兰克,反对"启蒙历史学"或称"教育历史学"(Aufklärungshistorie)的历史概念。启蒙历史学家的代表人物有尤斯图斯·默泽(Justus Möser, 1720—1794)、约翰·克里斯多夫·加特雷尔(Johann Christoph Gatterer, 1727—1799)和奥古斯特·路德维希·冯·施勒策(August Ludwig von Schlözer, 1735—1809)。这些历史学家认为,叙述历史发展变化的目的是使人们能够认识到在历史上发挥作用的理性。历史学应该对时代的变化发挥启蒙性的促进作用。兰克等年轻历史学家出于多种理由反对启蒙历史学家的历史观念,他们指责这些历史学家为自己的历史概念设置了前提,而且这种前提隶属于哲学概念范畴,并非源于历史研究工作本身。年轻历史学家指责老一辈历史学家利用历史叙述来宣扬伦理道德并为教育目标服务。他们认为这种利用历史的做法是不被容许的。他们以康德(Immanuel Kant, 1724—1804)的《世界公民观点之下的普遍历史观念》(*Idee zu einer allgemeinen Geschichte in weltbürgerlicher Absicht*, 1784)一书为例,指出该书的出发点是要使历史理性最终发展到一个世界主义社会。按照康德的理论,历史似乎可以根据目标预先起草勾画。康德还在书中提出,历史必须朝着一个理想发展。这就提出了教育意义上的要求,即人们应该积极支持这种历史发展进程。

与启蒙历史学的斗争进一步为历史成为独立于哲学、神学和语文学的一门科学打下了基础。年轻历史学家们于19世纪上半叶开始提出另一种理论范畴,并以有力的证据论证了历史学所具有的专业独立性。如果说此前受到重视的是历史的教育作用的话,那么到了这个时候人们着重强调的则是，历史将按照其自身意志发展，人应该成为人。威廉·冯·洪堡（Wilhelm von Humboldt，1767—1835）以"关于历史学家的任务"（Über die Aufgabe des Geschichtsschreibers，1821）为题所做的学术讲演就十分明确地代表了这种观点。另外，年轻的历史学家们反对启蒙历史学提出的"真实理想观"（Wahrheitsideal），强调要以客观性为理想（Objektivität zum Ideal）。兰克是这种客观性理想的重要代表人物。人们大概只能通过理性思考才能实现启蒙历史学提出的"真实性"，然而这又落入了哲学的范畴。鉴于此，年轻历史学家们提出了"客观性"。他们认为，人们在对具有经验意义的资料和史料进行研究工作时可以实现"客观性"。兰克正是在这种背景之下提出了他的"客观性理想"，而这种理想可以看成是一个十分新颖的史学研究宣言。

兰克从来没有专门撰写过关于学术研究的具体方法问题的书。他只是在其文章的注释中加以提示。从我们编辑的《兰克史学文选》中就可以找到这些提示。在认识论方面，兰克坚持的是注释学，即坚持不对文章做任何改动而只加以科学的解释和注解。兰克的这种做法并不奇怪，这来源于他所受到的高等教育。兰克在大学里不仅学习过新教神学而且学习过语文学，而这两门学科的研究方法主要都是诠释学方法（hermeneutisches Verfahren）。兰克总是力求理解史料中所记载的事件、人物及其行动。在这方面他与其前辈同行的历史学理论截然不同。他们主张以理性认识作为认识历史的主要方法。但对于兰克来讲，历史认知不能仅局限于理性认识，而是要包括利用"精神的感知"（geistige Apperception）、理解（Apprehendieren）

以及预知能力（Divination）。简言之，历史学家可以通过自己的研究揭示和表明许多前因后果以及符合理性的内在关联。如果对历史只进行纯理性的探究，则肯定会受到局限。因为人的生命有限，不可能深入认识到历史自身的目标。兰克曾经这样写道："我认为不可能彻底完成这项任务。只有上帝才了解全部世界历史。我们只是认识历史上所产生的各种矛盾、几多和解。正如一位印度诗人所说的，'为神所知，但不为人所知'——我们只能认罚，只能由远而近地认识历史。"（见《关于世界史的理念的讲座的导言》，1831/32，第 83 页）

兰克对于世界的认识深受马丁·路德（Martin Luther，1483—1546）的影响。马丁·路德认为上帝是隐蔽的，不为人所见。人们只能从上帝发挥的作用当中认识上帝。不过，这位上帝并不是在作用中油然而生，也不会像黑格尔（Georg Wilhelm Friedrich Hegel，1770—1831）所说的那样在历史的规律性中显示。黑格尔的历史哲学理论对 19 世纪上半叶的德国史学观念曾经产生过巨大的影响。但兰克与黑格尔的观点完全不同。兰克坚持在哲学权威面前维护历史学的独立性。另外，兰克还从根本上拒绝黑格尔的神学论点。在黑格尔看来，历史是绝对精神来到世界的过程，作为有限精神的绝对精神在历史的进程中经历多个阶段才臻于完善，以便最终在人类文化的各种历史形态中（即在普遍自由的实现中）重新回归自身。

兰克及其同时代的许多普鲁士-德意志历史学家都认同历史学家德罗伊森关于"历史即神义论"（Geschichte als Theodizee）观点。兰克在有关宗教和教会题材的著作中清楚地表达了他的主张。他指出,可以证实的是一切正在发生和已经发生的事物都源于上帝的意愿。他这样写道:"可以清楚地看到,上帝居于,生活于整个历史之中。每种行为都由他产生,每时每刻,尤其是较长历史阶段之间的关联更是源自上帝。事情怎样发生,怎样进行,如何成功,这一切全都依靠上帝的意愿。我们只能尽己所能揭示神圣而隐蔽的上帝之存在!我们就是这样地在侍奉上帝,做着牧师和教师的工作。"(《致弟弟海因里希的一封信》,1820,第8页)从1750年到1850年,这个世纪被称为"歌德时代"(歌德 [Johann Wolfgang von Goethe],1749—1832)。在这个时代里,神学和历史学之间的交替影响比德意志历史上的其他任何时代都要深远。"现代思维"在这个时代里深深扎下了根。大约在1835—1836年间,神学家施特劳斯(David Friedrich Strauß,1808—1874)发表了两卷本《耶稣传》(*Das Leben Jesu*)。此书受到自然神论的启蒙宗教流派的启示,并开始将历史学引向对历史人物的研究。这种研究工作一直持续到今天。就这样,人们开始在神学领域运用历史学方法探究《圣经》中所描述的人物和事件的历史真实性(《圣经》的历史批判、与非《圣经》史料的比较等等)。人们将这种研究工作看作历史学的任务,目的是要从历史事实中找到上帝存在以及上帝行动的证据。这种研究工作也称为"歌德时代的历史神学"(Geschichtstheologie der Goethezeit)。兰克在这个研究领域发挥了决定性的作用。

不过,兰克的历史观并不局限于绝对的神学理论。兰克史观不像康德那样追求历史的终极目标,即实现大同社会,也不像黑格尔那样寻求世界精神的回归自身,更不像许多普鲁士-德意志历史学家那样企图实现建立单一民族国家的政治抱负。虽然兰克指出过历史上出现的"大趋势"(große Tendenzen)以及某些技术和文明方面的进步,但他着重强调的则是"每个历史时代都直接与上帝相关联"(Jede Epoche ist unmittelbar zu Gott)以及"每个历史时代的价值根本不在于这个时代产生了什么,而在于这个历史时代的存在,在于这个历史时代本身"(《历史上的各个时代》)。从这里我们可以看出,兰克的历史观没有他那个时代的许多历史哲学和历史理论的标志性特征,即认为历史是不断进步的,人类道德也是逐步提高的,人性在日臻完美。兰克认为,应该更加准确和恰当地表述关于历史发展的概念。他认为,不同的历史阶段,比如过去和现在,是相互关联着的。历史体现着一种持续发展。每个历史阶段都存在"大趋势",即主导理念(leitende Ideen)。兰克写道:"历史学家的首要任务是研究人类在特定历史时代中的所思所为,这样就能发现除去道德观念等恒久不变的主要理念(Hauptideen)之外,每个历史时代都拥有其特定的趋势(besondere Tendenz)和各自的理想(eigenes Ideal)。"(《历史上的各个时代》)

兰克在反对启蒙/教育派的历史进步论方面起了决定性作用。他关于"每个历史时代都直接与上帝相关联"的说法成了历史学中常被引用的名言。兰克这句话的实质在于强调对过去做历史评价的时候不能片面地套用现在即当代的价值体系,而是要依据过去人们自身的感知能力去认识他们的生活。只有这样才能使现在人们的理解能力变得更加全面、更加综合、更加具有时代活力。有人可能认为,兰克如此强调以往历史时代自身的重要性只是有利于从美学上接受过去人们所生存的世界,但却没有突出最终导致进入当今世界的时代活力。然而事实并非如此。兰克在同一篇文章中强调,每个历史时代都直接与上帝相关联。人们不应该忽视"每个历史时代所产生的事物。历史学家当然也需要承认不同历史时代之间的区别,以便认识这些历史时代依次相连的内在必然性。这里存在某些进步是显而易见的"。从这里我们可以看到,兰克并不是简单地否认启蒙/教育历史学关于历史进步的概念,而是代之以另外一个更为全面、更为人性的概念。根据他的观念,现在人们的生活关系是人类精神文化综合发展的体现,而这种精神的全部内涵和活力又必须通过历史观察才能彻底发现。对于兰克来讲,历史学的意义就在于认识我们这个宇宙的各个历史时代的个性、差异性及其文化特点。他写道:"不同民族和不同个体在人性和文化观念相互接近的过程中肯定会有进步。"兰克的这种主导理念不但没有受到他所处的以欧洲为中心的时代局限,而且还适用于今天的历史思考,因为他主张从历史的角度深入理解文化的多样性。他认为,不应该为了自身文化的意义而相互争斗,甚至发生文明冲突,而应该在认识自身文化意义的同时学会认识自身文化与其他文化的差异,并能够从历史的角度理解和承认其他文化。

显而易见,成年后的兰克在思想上主要受到德国唯心主义哲学流派的影响。洪堡的观念与兰克相似。他在《历史学家的任务》(1821)一文中对"起始理念"(Urideen)和"历史理念"(historische Ideen)作了区别。他称"原始理念"或"永恒的主要理念"(ewige Hauptideen)为"主导观念"(leitende Vorstellungen),正是这种主导观念形成人类学中的恒量。"历史理念"或"主导理念"虽然高于历史，但却是在特定的历史时代以特定的方式表示出来的。举例来说，一个历史理念可以是国家理念或人性理念（财富理念）；历史理念可以在各种历史文化中得到确认，但其形成则分别源于"各自的理想"。所以说，历史的发展实际上是"人类精神在每个历史时代中所表现出的某种变化。这种变化有时突出这种，有时则突出另一种趋势，并在这种趋势中显示出自身固有的特色"（《历史上的各个时代》）。历史进步论的维护者认为新的历史时代总是要比旧的历史时代进步，而且在质量上也更高一级。兰克对这种观点持保留态度。他认为，一个旧的或已经过去了的历史时代并不是一个新历史时代的不完善的预备阶段，因为旧的历史时代同样"直接与上帝相关联"，所以新、旧历史时代是等值的。

由此看来，兰克的历史观认为历史的发展是一种具有活力的变化，"主导理念"是历史发展的持续不断的因素，而个性（Individualität）则是各种因素相互联系的交点。兰克对于具有历史性的个性的理解也与他同时代的许多人不同。我们知道，19世纪不仅在德国而且在其他许多西方国家都流行撰写人物传记，这个世纪甚至被称为"传记时代"。传记记载的主要是对历史起过决定性作用的"大人物"（große Männer），特别是国家领导人（Staatslenker）、政治家、军事家等等。传记中有关于这些人物生平事迹的描述和研究。兰克撰写过两部人物传记，一部是1869年出版的《华伦斯坦传》，另一部是1877年出版的三卷本《哈登贝格和普鲁士国家的历史（1793—1813）》。依据自己对历史的认识，兰克认为，集体性的各种个体（kollektive

Individuen）要比个别的各种人物（einzelne Persönlichkeiten）更为重要。兰克还进一步将其关于历史性的个体的概念扩展和提升为"各个民族"（Völker）的概念。不同的民族组成了各自的国家。兰克早在1824年撰写的博士论文标题中就清楚地表达了这个概念，该论文题目是"罗曼与日耳曼族群史（1494—1514）"。[①] 这些民族分别以各自的方式体现着历史理念，所以罗曼民族和日耳曼民族之间的区别清晰可辨。兰克将主要关注点放在各个民族和国家的历史方面，他认为国与国之间的关系具有特别重要的意义。也正是由于这个原因，人们称兰克的史学著作是在维护"外交优先权"（Primat der Außenpolitik）。

由此可见，兰克是（古典）政治历史学的代表人物，同时也是一位政治历史编撰家。他与普鲁士国家官方关系密切，是普鲁士的官方历史编撰家。兰克政治态度形成的关键在于他青年时代所经历的拿破仑战争以及在他看来与此密不可分的法国革命。1830年到1848年间许多欧洲国家革命失败的情况深刻地影响了他的政治态度。他曾经这样写道："我们所经历的各种事件都表明了革命力量的失败，这些革命力量打破了世界历史的有序发展。假如革命力量能够维持其地位的话，则将难以形成真正的历史力量，甚至谈不上能够产生公正的观念，也不可能有客观意义上的世界历史了。"（兰克1885年12月21日90岁生日讲话，《全集》第51/52卷，莱比锡，1888年，

---

① 兰克的博士论文实际上关于修昔底德，并不是以"罗曼与日耳曼族群史（1494—1514）"为题。——译者注

第 597 页）从这里，我们可以看到兰克的历史观念与其政治态度密切相关。他不像德罗伊森、格维努斯（Georg Gottfried Gervinus, 1805—1871）、达尔曼和西贝尔等历史学家那样积极主张建立一个德意志民族国家，而是终身认定普鲁士是一个政治大国。这也许说明兰克和这些历史学家存在着代沟吧。如果说一个人 15 岁到 20 岁年龄段的政治意识对其一生影响最大的话，那么，兰克正是在这个年龄段经历了拿破仑战争期间的混乱，并且亲眼看到 1814—1815 年维也纳会议的解决方案是如何完全恢复了旧的欧洲国家制度和旧有的社会秩序。而我们前面所提到的兰克的专业同行大多比兰克年轻 10 岁到 15 岁。这些人的青年时代正好处在普鲁士复辟政策的高压之下，同时他们还普遍受到大学生社团等政治反对派的影响（兰克从来没有参加过学生社团）。

兰克的学术观念和世界观都受到他的理想的支配，而他的理想则明显地和普鲁士的复辟企图、浪漫－反启蒙思想、歌德时代的美学以及唯心主义哲学相联系。兰克的思想观念终其一生几乎没有改变。顺便要提及的是，兰克几乎只在其早期著作中对自己的思想观念进行过理论探讨。这一点在我们评论兰克的成就时应该予以考虑，因为兰克早期的历史著作具有创新和指导意义。到了晚年，他的科学客观性理念或他作为历史学家所持的政治态度都受到他同时代人的批判，他们认为兰克在学术方面已经过时。高寿的兰克本人实际上也亲眼看到自己的著作如何成为学术史的一部分。

三、对于兰克著作的理解

到了兰克晚年，当时社会上的"普鲁士－小德意志历史学派"[①]对历史学观念起着决定性作用。这个学派的代表人物从年龄上来看几乎都属于兰克的后辈。他们当中的大部分人在1848年都拥护建立一个单一民族国家。在革命失败之后，他们则认为强大的普鲁士应该成为统一德国的核心。他们把自己的历史著作看作是实现德意志邦国统一的手段，这种统一在1871年终于实现。在追求历史真实的史学理想方面，"普鲁士－小德意志历史学派"主要是以主体间性和利益趋同为基础（Intersubjektivität und Interessenkonvergenz），而兰克则强调以客观性为基础。在当时的德国，"普鲁士－小德意志历史学派"比兰克更受重视，但他们在欧洲范围内的影响远不及兰克。

人们认为兰克的客观性理想（Objektivitätsideal）是实证主义的。这就是说，受到兰克客观性理想约束的历史学应该摆脱以往深刻影响历史思考的各种规范性因素，在历史思考具有集体性的展示和教育等文化作用的时候更要回避。无疑，不应忽视的是，兰克时代德国历史学的领军人物和兰克的学生们实际上非常清楚，历史观念具有文化导向的作用（尤其是负有一种民族认同感的责任）。这种文化导向作用反过来又会给历史思考带来更多规范性因素（normative Elemente）。这些历史学家不认为规范性因素是一种损害，相反，甚

[①] 即preußisch-kleindeutsche Schule，该学派主张在普鲁士领导之下、排除奥地利参与的德国统一。——译者注

至视其为对客观性原则（Objektivitätsanspruch）的必要补充。直到今天，历史学中规范参照（Normenbezug）与客观性原则之间的内在联系仍然是悬而未决的问题，并且是引起激烈辩论的焦点。

兰克去世之后，有一批被称为"新兰克派"（Neorankeaner）的历史学家影响越来越大。他们坚决反对"普鲁士－小德意志历史学派"。"新兰克派"开创了一个历史学中的"兰克复兴"（Rankerenaissance）阶段。属于这个"新兰克派"的历史学家主要有马克斯·伦茨（Max Lenz，1850—1932）、埃里克·马克斯（Erich Marcks，1861—1938）和费利克斯·拉赫法尔（Felix Rachfahl，1867—1925），还有奥托·欣策（Otto Hintze，1861—1940）、埃里克·勃兰登堡（Erich Brandenburg，1868—1946）和弗里德里希·迈内克（Friedrich Meinecke，1862—1954）。"新兰克派"比"普鲁士－小德意志历史学派"的代表人物要年轻一代，比兰克年轻两代，但他们之中的一些人亲眼见到过兰克。尽管"新兰克派"内部在一些具体问题上存在种种分歧，但他们努力遵照兰克的理想创立了一种新的历史观念。与其父辈历史学家不同的是，"新兰克派"重新将追求客观性放在了首位，同时他们还反对当时已经赢得了影响的社会民主主义历史学和社会主义历史学的具有党派偏见性的理想。"新兰克派"在日渐全球化的工业社会中不断发展，以至于引起了对一些政治规范性因素的重新定义。"新兰克派"不像"普鲁士－小德意志历史学派"那样将历史学的重心放在德意志民族国家的形成（Nationsbildung Deutschland），而是放在了外交优先权方面。当然，他们优先研究的外交关系不再像兰克那样局限于欧洲，而是包括社会和经济等多方面的问题及发展前景。不过,"新兰克派"或称"兰克复兴派"的代表们完全理解兰克将国家和人民作为历史的主导个体(Staaten und Völker als leitende Individuen der Geschichte)的观念,并依据这种观念表述历史的发展变化。

到了 20 世纪初,史学界对兰克的评价重新有了提高。人们开始对产生于 18 世纪中叶并延续至当代的整个现代历史学进行整理和总结。特别是历史学家弗里德里希·迈内克,他提出了一个"历史主义"(Historismus)的概念。他指出,在过去近 200 年的历史阶段里产生了欣欣向荣的历史科学,这种历史科学以"个性"和"发展"(Entwicklung)等作为主导理想。迈内克对德国历史学的决定性影响一直延续到第二次世界大战之后。他始终坚持将兰克的史学原则作为一个相当漫长的历史阶段的根本特征,并视兰克为这个历史阶段的史学典范。

然而,后来由于纳粹势力在德国的抬头,兰克史观的典范作用渐渐减弱了。这是因为兰克是从文化角度解释国家和民族,而纳粹则鼓吹以种族性为基础的国家概念并将学术研究纳入了党派范畴。第二次世界大战之后,在民主德国,兰克虽然由于其建立历史学科的功绩而受到尊重,但他作为一位资产阶级历史学家已不再被接受了。在西方,二战之前的历史学家在战后的头 20 年里再次受到重视。但是最迟至 20 世纪 60 年代中期,以兰克为代表的历史观被社会历史学派(sozialgeschichtliche Schule)所代替。这个学派以"社会"(Gesellschaft)代替"人民"(Volk)和"国家"(Staat)作为史学研究的规范性因素。

前面我们主要讲述的是学术界对兰克史观的评价。实际上，作为历史学家的兰克直到今天仍然受到人们的普遍敬重和爱戴。这是因为兰克一生著述极为丰富，他的大量历史著作不仅在德语国家和地区而且在其他欧洲国家都不断地再版刊印。他的读者群体也早已超出了史学界的范围。兰克的学术著作因其鲜明的叙述文学特色和优美的语言艺术而具有很高的文学价值。不过，使兰克享有盛名的真正决定性因素，可能还是读者对于兰克所追求的"客观性理想"的共鸣，即读者的"求真愿望"（Wunsch nach Wirklichkeit）。而人们这种"求真愿望"恰恰由于在当代历史学中时而出现的对于历史的人为杜撰和虚构，往往无法实现。因此，兰克提出的历史学的无条件客观性理想（Ideal vorbehaltloser Objektivität），即他的名言"只是要表明，过去究竟是怎样的"，颇为符合人们的心愿。诚然，这句话同样是看上去简单，做起来困难。

兰克的名言"只是要表明，过去究竟是怎样的"，即追求历史事实的理念，长期以来一直是史学界争论的一个焦点。近30年来，无论在德国还是在国际上发表的有关兰克及其著作的文章，又都在积极地探讨研究兰克的客观性概念（Objektivitätsbegriff）。有些学派如"激进的建构论"（radikaler Konstruktivismus）从根本上怀疑"众人皆能平等参与的事实"的存在。而另外一些学派则坚持认为，假如历史著作的撰写不能以"事实"为依据，则必定将无法与杜撰虚构性的历史叙述划清界限。在某些历史学家眼中，兰克是一位不成功的"天真的"（naiv）客观性概念论者的化身；而另外一些历史学家则强调，兰克体现了一种科学客观性的理想，在今天的历史研究中仍然应该突出这种理想。

除此之外，近年来人们还深入研究了兰克在其丰富的历史著作中运用的分析方法和叙述艺术，重新评价了19世纪欧洲现代历史学的兴起与现代小说产生之间的内在联系，比如将历史小说的产生与兰克的《罗曼与日耳曼族群史》一书进行了对比。这类学术研究涉及此前没有引起足够注意的史学叙述所遵循的特定修辞学模式，从而进一步扩展了兰克及其同时代史学家的研究领域。

从今天历史学的眼光来看，兰克对于历史经验的把握过于狭窄：他集中精力研究的主要是决策者层面涉及的政治事件，特别是外交政策。对与此紧密相关的社会、经济和文化层面则鲜有阐述，或只是在旁注中加以说明。诚然，兰克通过对深层结构变化的探究基本上清楚揭示了历史事件本身。兰克在描述历史事件的时候提出了"事件的大进程"（der große Gang der Dinge）以及"大趋势"等理念，并通过对典型事件发展过程的重点描述进一步阐明了这些理念。这就是说，兰克在卓越地叙述历史事件的同时，顺利地进行着历史思考方面的理论探讨。当然，兰克的历史思考及其史学理念都脱离不开他基本的宗教观念。但从整体上看，兰克将透彻的理论阐述、不断丰富的史学研究经验以及生动优美的叙述文体融合在了一起，他所取得的成就对于历史学的发展具有开拓性的意义。

兰克关于将各个国家和人民作为历史个体的主张及其历史理念从来没有被普遍接受。在唯心论以及其他所有关于整个世界的论述结束（至少暂时结束）之后，兰克的历史理念和今天也不再具有衔接之处。但兰克关于世界通史的概念今天仍然受到关注，尽管他的"世界史"(Weltgeschichte)实际上是概括了德国唯心主义关于人类精神、思想从东方国家(埃及、以色列)进入西方国家(欧洲、美国)的发展过程,排除了其他国家和其他种种文化。兰克世界史的核心是欧洲史;他给予古代欧洲积极的意义。兰克的历史理念是以各个国家之间的和平关系、各种力量之间的平衡以及不同历史时代拥有同等价值为基础的。他关于"人民"或"民族"的概念则是以特定范围的"文化"(Kultur)为基础的。兰克关于"文化"的概念随着对文化传播(Kulturtransfer)的深入科学研究以及在国际社会中越来越重要的文化交流(Kulturaustausch)赢得了现实意义——不过,在这方面兰克并不是时兴又适用的历史模式的提供者,而是寻求这种模式的推动者。即便兰克的历史著作显示出他狭窄的欧洲视野,兰克史观的原则却是关注人类的(menschheitlich)。兰克在撰写世界通史的计划中排除了西方没有承袭的各种文化,这是他具有人类视野(menschheitlicher Horizont)局限性的一个令人印象深刻的证明。但若跨越这种局限进入真正世界性历史观的广阔视野,那么兰克有关"个性"和"发展"的理念以及他视不同文化之间的关系为世界历史发展动力的看法则将在今天焕发新的生机。

2004年9月

定稿于德国埃森/慕尼黑

杨培英 译

未完成的作品

[1818—1824],见:《日记》(=《摘自作品与遗作》,第 1 卷),瓦尔特·彼得·富克斯编,慕尼黑 / 维也纳 1964 年,第 66 页。

Unerfüllte Arbeit [1818-1824], in: Tagebücher (= Aus Werk und Nachlaß, Bd. 1), hg. v. Walther Peter Fuchs, München/Wien 1964, S. 66.

像当时几乎所有受过教育的中产阶级青年人一样,兰克也作诗。特别是在学习期间,他写过几十首诗,大部分是即兴诗。这些作品经常采用的是一种简单的韵律模式,通常是为宗教哲学而作,很少为自然主题和爱情主题写作。《未完成的作品》创作于兰克在奥得河畔法兰克福任教期间。

该诗由 4 段组成,共 14 行(4-4-2-4)。前两段完全押韵,另外两段则为对仗押韵。诗句格式为短长格。从第一段改写的抒情诗可体会到兰克晚期的意愿,"只是要表明,过去究竟是怎样的";从最后一段可看出兰克的教化目标(Bildungsziel)和他那似乎合理又直观的认知方法。

我本想把它这样来表现
赤裸而清楚,
就如其发生,如其本来面目。
但它仍是遥远而模糊。

我想叙写
从内心的感觉
道英雄的壮举。
然而它仍不是涌泉,而是溪流。

是眼睛还是远方?
是望远镜?还是星辰?

从内心汲取
眼睛以清晰,
从无损的心灵汲取
言语以智慧,强而壮。

致弟弟海因里希的一封信

[奥得河畔法兰克福,1820年3月底],见:《个人生活史》(=《全集》,第53/54卷),莱比锡1890年,第88页及以下。

Brief an den Bruder Heinrich [Frankfurt/Oder, Ende März 1820], in: Zur eigenen Lebensgeschichte (= Sämmtliche Werke, Bd. 53/54), Leipzig 1890, S. 88 ff.

兰克同他的大弟弟海因里希保持着紧密的联系,大弟弟曾同他一起在普福尔塔的学校受教育,后成为神职人员。在为这封信署名的时候,兰克在奥得河畔法兰克福任教,海因里希还是学生。对兰克的"历史神学"而言,这封信是一个令人印象深刻的证据,他对新教的信仰清楚地表现在他的作品中。如同那个时代的许多出身于神职人员家庭的历史学家一样,兰克希望通过研究历史能够证明上帝的行为。兰克自己身为历史学的"教士"的表现,清楚地表明,在从神学家到历史学家的转变过程中,他的职业愿望在他的个人成长过程中并未显示出裂痕,他的品格得到了发展。

传教士阿勒曼①刚才来过了。你不认识她,因为她不善与人交往。可她本人是极其细心、坦率、充满女性魅力的。令我不解的是,她总是夸赞我对她的尤利乌斯产生的影响。因为我一向是拘谨严肃的,从没有尽心对他。诚然如此,那么我肯定它完全是别人的功劳,而不是我的。在我看来,这实际上从人的天性证明了,他们看重和喜欢别人的,从来不是后天获得的或学到的东西,而是那种特性,这大多是上帝所赐予他们的,并在他们的额头上作为印记烙印下来。这就和我们热爱诗人是一样的道理。

我与海德勒②一家人度过了愉快的一小时。我觉得,如你所言,他尽心做到不伤害我。我也愿尽心做到这样。我们去了酒馆。刊登有关德尔列戈③的队伍和科鲁尼亚(Corunna)及纳瓦拉(Navarra)消息的报纸放在桌子上。我们读到:加的斯(Cadiz),加的斯,醒来吧!我们醉醺醺地回了家。他说道:"可是我下不了这种为自由而死的决心。"接着我们一起谈到了上帝的种种表象,以及人是上帝之子,这是所有的时代和世纪以来让我们快乐至极的信仰,并且我们所有人都注定要死去,由此上帝得获自由。我站在火炉旁边,激动不已;他在房间里走来走去。我停止了说话。接着谈,接着谈,他

---

① 奥得河畔法兰克福一所高级女子学校的总监,兰克在得到文理中学的校舍前住在她家里。她儿子尤利乌斯是兰克的学生。
② 费迪南德·海德勒(Ferd. Heydler,1793—1859),文理中学教师,兰克在普福尔塔学校和莱比锡时的朋友,兰克搬到了他的学校并和他住在一起。
③ 拉斐尔·德尔列戈·努涅斯(Rafael del Riego y Nuñez,1785—1823),西班牙将军和反对费尔南多七世专制统治的革命家,于1820年1月1日在加的斯军营宣布支持1812年的议会宪法。

说；最后我们互相拥抱起来；道了三遍晚安才分别！

海德勒觉得自己被学校束缚。我想，他在这里表现出的对小孩子的忠诚，会比两三本关于希腊戏剧的书使他更好、更快地超越许多人。

这甚至是甜蜜的，沉浸在所有世纪的王国里，与所有英雄面对面，再一次共同经历，几乎更加充实，几乎更加生动；它甚至是甜蜜的，并且甚至是令人着迷的！

现在假期来临了，一件卓越的工作正等待着我，我想了解一下15世纪诸民族的生活，了解古代播下的种子如何重新发芽，就像那古老的花，凋谢了，而那萌芽，经过长期精心培育，重又生机勃勃。我对此还一无所知。可是我预先就知道，这种奋发努力、成长壮大和坚强意志不在文学贵族身上，而是以某种形态存在于族群中间。我从宗教改革中知道这一点。因为尽管福音（Evangelium）最初是通过上帝的信使路德开创的，但是传播的成功完全基于其他原因。只有干柴才能燃起熊熊烈火。

我希望，我将学习到，至少预感到，皇帝统治和教皇统治如何衰亡，取而代之的是由一股清新气息唤来的新生命，生机焕发，就如同摆脱了令人窒息的有毒空气一样，这是确凿无疑的，这是普遍的。

我想费希特（Fichte）曾说过，对以往生命的这种热爱，即对这种生命的理念的热爱，把古代世界的萌芽和认识深刻地引向上帝。

我从未领会这句话的意义："谁享受晚餐却无信仰，就会遭到审判。"难道不是这样吗？那些毁灭古代文明的人，是缺乏思考的，是罪恶的，他们罪有应得：苦难更加深重，生活更加乏味，思想更加僵化。就像以前在意大利发生的，如今发生在很多人身上一样。就像与生俱来的魔鬼在复仇，因为他遭到了嘲弄。

上帝居于，生活于整个历史之中。每一种行为都由他产生，每一个瞬间都传颂着他的名字，我认为，最能证明上帝存在的是重大历史事件的相互关联。这种联系像神圣的象形文字一样，也许可能被完整理解和保留，这样它在未来的几个世纪里就不会被遗失。

好吧！不管事情会如何，结果会怎样，有一点，我们要尽我们所能揭示这种神圣的象形文字。我们就是这样地在侍奉上帝，做着牧师和教师的工作。

上帝与你同在，我的兄弟。

我再次问候你们大家。你们都在我的眼前，请接受我的握手。

《罗曼与日耳曼族群史》前言

[1824/74],（=《全集》,第 33/34 卷）,莱比锡 1874 年,第 5—10 页。

Vorreden zur *Geschichten der romanischen und germanischen Völker* [1824/74] (= Sämmtliche Werke, Bd. 33/34), Leipzig 1874, S. V-X.

兰克处女作《罗曼与日耳曼族群史》的这篇简短前言,标注日期为 1824 年 10 月。其中主要包括了兰克完整的研究计划:对客观性的认知("历史学家的目的取决于他的观点","只是要表明,过去究竟是怎样的"),阐述发展与诸种个体性("个体、种族、民族")、表明事物背后起主导作用的上帝("上帝之手")和欧洲中心主义(罗曼－日耳曼诸族群史作为"全部近代史的核心")。整整 50 年以后,这部著作出第二版的时候,在"全集"的框架内撰写的第二版前言保留了以上观点。这表明,兰克终生保持了他在早期形成的历史观。

当前的这本书对我来说,坦白讲,在它承印之前,比现在它承印之后,要更加完善。我期望有兴致的读者不要去关注它的缺点,而是更多关注它可能具备的优点。由于不能完全依托这部著作本身的作用，我不想错过机会，对它的目的（Absicht）、它的材料（Stoff）及它的形式（Form）事先做一个简短的说明。

　　历史学家的目的取决于他的观点，关于此观点这里有两种不同的说法。首先，在他看来罗曼与日耳曼民族是一个整体。这摒弃了三种相似的概念：普世的基督教世界的概念（这当然包括亚美尼亚人）；欧洲统一体的概念——因为土耳其人是亚洲人，而俄罗斯帝国囊括整个亚洲北部，若没有洞察和综合考虑整个亚洲局势，是不能全面理解它们的情况的；最后也是与之最相似的，拉丁基督教世界的概念——斯拉夫人、拉脱维亚人、马扎尔人，他们都属于同一个族群，有其根本和特殊的本质，不被包括在罗曼与日耳曼民族之内。作者仍然认为，只有在必要时，外族才被附带着稍微提及，而围绕着跟罗曼与日耳曼亲近的同源民族，要么是纯粹的日耳曼来源，要么是日耳曼-罗曼来源，他们的历史是全部近代史的核心。在后面的导论里，我将致力于主要以外部活动为线索，揭示这些族群在多大程度上在一个统一体中和在共同的运动中发展起来。这是观点的一个方面，也正是本书基于的观点。现在说说通过本书的内容直接显露出来的另一方面。它只涵盖这些民族历史的一小部分，人们或许可以称之为近代史的开端；只是复数的历史（Geschichten），不是单数的历史（Geschichte）。它一方面涉及西班牙君主制的建立、意大利自由的灭亡；另一方面触及双重对立的形成，一个是由于法国人而产生的政治对立，一个是由于宗教改革而产生的教会对立，这些足以印证，我们的民族分裂成敌对的两个部分，所有近代史都基于这两种对立。本书从这一时间点开始，即意大利统一了，至少享受着外部的自由，或许还有所谓的自治，因为意大利有教皇；本书又试图表现这一时期的分裂，法国人和西班牙人的侵入，自由在几个国家中的丧失，自决权在另一些国家中的丧失，最终西班牙人的胜利及其统治的开始。第二部分从西班牙各王国的政治琐事开始，然后王国联合，再联合反对异教徒，继而倾向于基督教的内在本质。本书试图弄清楚，如何由此发现了美洲以及征服了强大的王国，尤其是，西班牙如何由此控制着意大利、德意志和荷兰。第三部分从查理八世作为基督教世界的先驱者为抵抗土耳其人而出走开始，法国人在对抗土耳其人的过程中经历了种种的幸与不幸，直到弗朗茨一世（Franz I）在41年之后为对抗皇帝而向这些土耳其人寻求帮助。最后，本书从源头上追踪在德意志出现的对抗皇帝的政治派系，以及在欧洲出现的对抗教皇的宗教派系，试图为完整地理解宗教改革所引起的历史大分裂铺平道路。这一分裂本身应在它的第一段进程中就被观察到，这本书试图从整体上把握所有这些以及其他与罗曼与日耳曼民族的历史相关的事件。人们赋予历史学的职责是评判过去，教导同时代的人，以有利于未来；当下的尝试不敢承担这一高尚的职责，它只是要表明，过去究竟是怎样的。

可是怎样才能够对它重新进行研究呢？手头的这本书的基础，其材料的来源是回忆录、日记、书信、大使报道以及目击者的原始叙述；其他的文献，或者直接来源于上述资料，或者有某一个原始的认识。这本书的每一页都表明了这些资料都是怎样的作品；研究的技艺及批判的结果将在第二本书中呈现，它将与目前的这本书同时付梓。

从目的和材料中产生形式。人们不能要求一段历史自由发展，尽管至少在诗性作品中可以探索这种理论，而且我不知道，人们是否相信在古希腊和古罗马优秀作家的作品里确实找到了这样的一种理论。严格地表现事实无疑是最高准则，即使事实是有条件的和不美好的。我要说的第二点是统一体的发展与诸多事件的进展。我没有像可能被期待的那样，先概述欧洲国家间的关系，因为这即使不会混淆观点，也会显得散乱无序。我先是从每一个族群、每一个强权、每一个个体——如他们本来的样子——着手，然后详尽展示，如果他们曾有杰出的行为或者主导行为：不必对此感到忧虑，在此之前，人们必定已不时地思考过他们的行为——因为他们的存在又如何能够一直不被触及呢？由此，至少能够更好地把握他们的总体线索，他们遵循的路线，他们的行动思想。

最终，人们会对著作中的某一重要部分的历史研究说些什么呢？它是不是常常显得生硬、断断续续、平淡、令人乏味？此类研究已有珍贵的典范作品，这些作品是旧有的，也有新近的。然而我不敢冒昧地去模仿它们：它们的世界是别样的。人们对此有着过高的理想，即事件本身是可理解的、整体的、充实的，它可以被掌握。我知道，我距此还多么的遥远。人们努力，人们追求，最终还是没有成功。如果无人对此失去耐心，那该多好！最主要的一向都是我们正在做的事情，正如雅各比（Jakobi）所言，按人类如其所是地处理它，这是可解释的或不可解释的：个人的生活、世代的生活、诸族群的生活，有时上帝之手高悬其上。

致弟弟海因里希的书信

[1825年2月及1826年11月],见:《个人生活史》(=《全集》,第53/54卷),莱比锡1890年,第138页及以下、161页及以下。

Briefe an den Bruder Heinrich [Februar 1825 u. November 1826], in: Zur eigenen Lebensgeschichte (= Sämmtliche Werke, Bd. 53/54), Leipzig 1890, S. 138 ff., 161 f.

兰克致弟弟海因里希的信,是他于1825年2月17日在奥得河畔法兰克福书写的。他描述他从任教时期走上学术生涯的情形。另一封信就已经是在柏林写的了(1826年11月24日)。他借祝贺海因里希生日和海因里希首任弗兰肯的吕克斯多夫(Rückersdorf-Franken)牧师职务的机会写这封信。信中提到的泽尔玛(Selma)指的是海因希的妻子。在信的倒数第二段,兰克再次表明史学工作的宗教出发点以及他从事"世界历史"研究的目的。在信的结尾,他概略谈及已规划好的未来作品。

（一）

1825年2月17日，奥得河畔法兰克福

今天，我特意没去施梅林（Schmeling）家，通常，我是星期四去他家，我待在家里给你写信，亲爱的海因里希。我希望你是如此地爱我，我很长一段时间没给你写信了，我惊觉已有4个月没给你写信了。

首先我当然想知道，你是否结婚了。我认为你还没有，你肯定会把婚礼推迟到我们父母30年前结婚的日子。即使泽尔玛还没有和你住在一起，我也仍然要在开始的时候问候她及所有你的熟人。（我承认，我没有很多熟人。）

接着，感谢你认真无偏见地阅读了我这本书的第一章。尽管我相信，或者知道，在第四章有一个对你来说很残酷的地方，在第二本书的第三章，如果你已经读到那了，有一个太大胆的地方，而且还有别的地方，必须要求你看这些，并且它们本来就是为你而作的，你一定要一一宽恕。我确实寻找的是真理而不是妄想，我竭尽全力地寻找真理，我肯定无处不在的上帝，并认为人们一定可以伸手触及他。我现在处在一种情绪里，我上千遍地发誓，我全部的生命都是为了实现对上帝的敬畏和史学（研究）的目的。你会相信我的，你的祈祷会帮助我。错误将渐渐消失。我看到，我每日的工作将是一件多么艰难的事。让我相信吧，从我开始来到世界时，最初的幸福是在上帝手中。

去年12月，我把我第一部作品的初版寄给了在柏林的坎普茨

(Kamptz)和舒尔策(Schulze)。它们在17日被寄出,24日我就收到了坎普茨真诚热情的回信:他期待我成为一个重写史学著作的人,就像这门科学所需要的那种写作者;如果我愿意,他将尽快找机会建议部长给我历史教职;如果我特别想要历史手稿,部里将设法搞来。你能想到,我立即答复了他。平安夜我在施梅林家,给他看了那封信。圣诞节的第一天我给坎普茨写信,第二天他回复说,他急切地盼望在柏林见到我(我曾经说过,我最想在的地方是最大的图书馆所在的那个地方);然而由于财政原因,这有些困难。不久舒尔策给我写信表达了相同的意思:如果我希望得到教授职位,他将为我的事情尽其所能,不遗余力。我不能让这个新年在没有向部里提交一份详细报告的情况下到来,我希望由此先得到那些历史手稿。我在1月中收到的那些誊抄的信件,标注的日期是12月31日,信中表明,部长在外交部帮我,并以他的名义请求帮助寻找我想找的大量来自柏林、维也纳、慕尼黑、苏黎世、伯尔尼、巴黎及罗马的手稿。为了把我的没有这些帮助根本无法进行下去的书进行下去,对我来说目前能获得少量就已经是最有帮助的了。高级政府议员舍尔(Schöll)写信告诉我,光凭期待,是无法从巴黎获得任何东西的,如果我想得到什么,就必须自己去那里,这也并不太难,因为有人会给我提供帮助,不过舍尔对此没说什么。如果我能获得全部资料,我希望写出一本比现在这本书更真实、更好的书。在我对此还不确信之前,我还是不着手写作。

这是我的事情的第一个阶段。那些天里我还收到了一些别的信,它们令我很感动。一封来自冯·劳默尔(von Raumer)先生,尽管他不满意文稿的语言和外在表达（他有理由这样做，尽管我在别处寻找缺点，而不是像他那样），但对其内容给予了称赞。这对我来说更加令人欣慰，因为我知道，他对这些历史做了不少的工作。一封是你的，你可以想象这封信令我很欢喜。然而在其中，在这一点上你也如此，我要寻找所有的赞美，我所有的作品都应带来对生动的上帝，对我们民族的、世界的上帝的认识。费迪南德（Ferdinand）在我生日时写信给我（他特别喜欢萨沃纳洛拉［Savonarola］），给我寄来了一本不错的书和善良的范妮（Fanny）的一部作品。威廉的注意力一下子被它吸引了，他把它作为一部诗作通读下来，发现了许多精彩的段落。可我自己的作品却令我如此痛苦！只是听说在2月12日柏林的《施普雷报》上有一则令人赞不绝口的广告，它是公使顾问瓦恩哈根·冯·恩瑟（Varnhagen von Ense）写的，是一篇人物颂辞。至于部里，我于1月31日写道："我将考虑接受一份公职雇用，以使自己完全不被打扰地致力于历史研究，并希望不久就能发表更深入的作品。"这对我来说，就像通往我的真实外部世界生活的大门最终将要打开，就像我也可以振翅飞翔一样。如果我达到这样一个希望的境况，如果在有生之年，我能够在近代史的古迹里进行研究，我要不停地感谢上帝。约翰·米勒（Johann Müller）有一次说："在天上最终也必须有上帝的档案。"然而这是在地上。我现在研究近代晚期的历史。如果我是摩西（Moses），我就开凿这一片荒凉之地，让那深处的水流淌出来！

卡洛琳（Caroline）过得很好：下星期一是她的生日，我希望你记得她。阿勒曼由于她那个被人从莱比锡赶走的儿子，而有了新的烦恼，不过她比以前更顽强了。我还必须向你讲一个我现在正在经历的奇特的晚间娱乐。去年11月，几位年轻的女士请我给她们上历史课。因为她们终于同意最晚从晚上8点45分到10点上课，此外我也乐于与人交流，我答应了，并从中得到了许多乐趣。无疑，她们是迄今为止我有过的最好的学生。当然她们也能在这上面花上一整天的时间。最高贵的是齐林斯基（Zielinski）将军的遗孀，你还在这儿的时候可能见过她了，也许你还记得这个美人。

现在到结尾了。我希望不久就收到你的来信（密密地写在就像这样的一张薄纸上），这样我就可以给善良的施梅林带去一些好消息了。写信告诉我你们的事情进展得怎样了，也请详细地告诉我，我的书你读到哪里了。

你忠诚的哥哥

利奥波德

尽管劳默尔和舒伯特（Schubert）是你的朋友，但我还是要衷心地指名问候他们。关于我们的朋友韦伯（Weber），你什么都不知道吗？我确实不知道她是活着还是去世了——因此，我完全不能写信过去。

（二）

1826年11月24日，柏林

在一年之中，尤其是现在这样阴晦的11月的日子里，你的生日给我的生活带来了美妙的乐趣。这次我也问候你，兄弟，我们现在都已是成年男人了！我们会去做一些事情吗？比如执行和完成本性、兴趣和上帝意志为我们规定的事务，并能胜任吗？现在你又以一种新的方式过了生日，搬进了牧师的房子里，感受着你自己，想着我，在温馨的小房间里，泽尔玛坐在你身边，并且在办公室里也不会长期没有她；现在你还有了教区教徒，就像一块田地，不为收获，只为耕耘播种。如果你现在研究那些抄本，那么你就不会忘记去探究这些人的需求。像他们天生的思维方式一样——其实我认为，没有基督教义和所有的训诫——他们能够通过自己的聪明才智，被带到最高境界。你的心情不孤单吗？像这样，在冬天里周围没几个熟悉的人？如果你能准确地写信告诉我，你认为他们怎样以及你怎样与他们交往，那么你就让我非常高兴了。一旦他们认识了你，肯定会爱上你。

我的泽尔玛，如果你因为下雨而不得不整天待在家里，心情会怎样？海因里希有一次写信给我说，你在他身边时，就像他在自己身边，你和他就像一个人一样。你们现在就像整个世界。你是对的，你们的事情我参与了很多。就让我保持我的个性与孤单吧，因为这里有其特殊原因，即你们的爱令我如此高兴。在其中，我的感受很特别。如果我有某种兴趣，那么通常它在开始时有些错误。它们拥挤在我心中，在开始时是快活的、高兴的，还带着一些希望。它们拥挤在一起，我可能是幸福的，也可能是不幸福的，它们更紧地拥挤在一起，就会有些痛楚。然后它们慢慢化解开，并在灵魂上对其他生活经历留下一种普遍的好感，抑或恶感。我到底和你们两个中的谁在说话呀？肯定是你们俩一起。

现在，我的寿星海因里希——就如我方才开始的，我本来首先想问的是：我将做我打算做的事情吗？破解或发现过去的行为，是不是一个过高的目标？你知道我长久以来的目的：找到世界历史的故事、我们这代人的诸多事件和诸种发展的进程，正确看待其真正的内容、中心和本质。在其产生和形态中理解和掌握这个野蛮的、冲动暴力的、优美的、高贵安静的生物的全部行为和痛苦，理解和掌握这个污浊的、纯净的生物即我们自己的全部行为和痛苦。我现在又在读世界史。我的心时常为观察人类事务而跳动。然而我对其的描述还未成功，因为我还没有完全达到纯粹的境界。

我前段时间把一份有关16世纪南欧族群的手稿寄出付印了。可惜我必须承认，这做得还远远不够。我只能安慰自己，我也不能做得更好了。由于有着许多全新的、从未印刷的并且总是值得知道的东西，我正在着手这些工作。情形总是这样：人们意识到，他们最希望昭示于众的，正是这些隐藏着的东西。可是我还没有完全完成。教皇史同样是有趣和重要的，也是错综复杂并非常之难的，我还没有触及。其中有一些突出的本性，但是就他们的所作所为而言，他们是不自由的，他们的行为完全由他们所处的形势决定，依赖于前人不可摒弃的典范。我遗憾的是，我还没有多多少少接触到那些我原本更想研究的德意志人。

（信的结尾原缺。）

理论的影响

[1832]，见：《19世纪德国和法国的历史》（=《全集》，第49/50卷），莱比锡1887年，第243—247页。

Vom Einflusse der Theorie [1832], in: Zur Geschichte Deutschlands und Frankreichs im 19. Jahrhundert (= Sämmtliche Werke, Bd. 49/50), Leipzig 1887, S. 243-247.

这篇短文最初于1832年刊登在《历史政治杂志》的第一卷第四册中。人们认为，对于兰克来说，国家是一种文化上的伟大个体（Größe）。国家和作为其领导者的"真正的政治家"，被定义为决定历史的力量。兰克历史观念中的行动主体却是诸种理念，是"国家的精神存在"的思想。他在1830年欧洲革命的背景下撰写了最后一段，是反对革命进程而支持"发展道路"的辩护词。

如果针对各种怀疑的理论提出普遍要求的假设有幸成功的话，那么就得重新探讨，以明智的方式确定哪些东西可能对生活和实践要素有影响。

如果我们将相关原则与政治相比较的话，这个问题或许会有一定程度的启发。

但是如果我们认为，首先，语言和艺术同国家一道属于伟大的人类创造范围，那么哲学的语法和美学就出现在与政治的密切关系之中了。

像国家一样，语言和艺术以人类精神的原初法则为基础，原初法则认识到了科学，并把科学的产物与之相比较。

此间，早已多次发现一条不难想到的弯路。这些原则带有思辨要素，这些原则却同时属于精神的本质研究。如果哲学的语言理论研究的是在什么程度上人类思维规则处在词语细微却是本质的变化中，那么这个理论研究就直接说明了一件事情。美学从精神的本质中发展出了诗性创造和艺术创造的法则，以及区分了不同类型的诸多条件，如果这种准则只考虑规则而不考虑其他，那么这样的判断就失误了。人们不否认，这些就是时常从已经完成的事物中抽象出来的。但永远更新和不重复的是天才，任务永远是深入事物中，不管是一门语言还是一件艺术作品，要理解它们内在的必要性，因为事物本身承载着它的法则。

正如他自己所说的，亚里士多德（Aristoteles）如此竭尽全力地去理解事物的神性（Göttliche），这是寓意于其本身的词语，他试图发现并表达这种词语。

就连国家也是创造性天才的产物，不是单个人的、也不仅是一代人的产物，像语言一样，而是集体和几代人的产物，不管杰出的、身居高位的人物施加的影响有多大。国家是民族特征的表现。如同这一切来源于人类精神的原初能量，它们从内部形成自己的准则。

就政治而言，展现给我们的往往是枯燥的，由若干概念构成的固定模式，这些都是从所谓的自然状态和对时刻（Augenblick）的需求中引申出来的。而建立在对当下与过去的丰富的现实生活的重大观点（Anschauungen）之上的政治，与此大相径庭。

在这种意义上，孟德斯鸠（Montesquieu）提出了法的精神，当人们以不真实的意义把一种理论的根源推到他身上的时候，人们完全误解了。他的作品有历史的基础，并引起了广泛注意，彻底地为那个时代进行了特别的研究。

在政治中，人们不会满意仅仅根据一些随意的概念评判现实，在政治中，人们向前迈进了一步，而在相关科学中却没有。

没有人再想到，根据推测结果形成一种普通的和最好的语言，或者根据所谓理性的要求试图改造一种现有的语言。但在政治中，一些类似的东西却显然可以实行。特殊的是，像沃尔克（Wolke）这样的一位革新者，在词典编纂学和语法方面只能找到少量继承人，在政治方面却可以找到无数个继承人，前人写过上千份指南，宛如全世界都在一起做这件事。

美学最后宣称：诗人将诞生，美学与在其影响范围以外的力量的关系微不足道，但有多少人想象人们应当只把自己托付给一个国家，他们很容易成为工厂领导人，并完全胜任这一职位。

人们正试图用无权的手，得到最重要的构成全部生存基础的东西。

但就此而言，这些努力没有起到什么破坏作用，完全是徒劳。在最精彩的讨论中也没有促成。语法永远不会产生语言，美学从没有产生诗句，政治也永远不能产生国家。你们挖空心思都得不到你们的祖国。

生动的创造力还有另外一个根源：它来自力量与天才。天才就是创造者，而伊特鲁里亚人称他们是至高无上的上帝的儿子。古代人将国家的创立归功于上帝。

同时，他们根本就没有放弃使用这种应该被正确理解的理论。

人们经常区分历史学派和哲学学派，但真正的史学和哲学彼此之间从来没有冲突。

在机械的学术观点中，却明显出现了另外一种矛盾，这些观点只被看作某种形式中的福祉，他们希望这些形式是在没有引起普遍关注的情形下看到的，还有鲜活的观点，对事物精神的现实性试图进行深入研究，要求对其进行理解。

正因如此，可以肯定：国家理念不在其自身之外，在其本身之中就能找到。这种理念推动运动，没有这种动力，国家就会僵化、停滞不前或毁灭，理念是国家的精神生活；它源自不可见的原因，将当前的这代人汇聚在一起，并将一代一代的人联系在一起。

真正的理论就是生动的观点，正如"观点"一词所表现的那样，生动的观点尝试理解存在的内在本质和它的法则。需要进行进一步的周密考虑，因为一个国家仅仅构成了整体的一部分，所以根据深层的思辨基础，国家将理解理念。按其性质，理念指的不是政治实践。如果它是，那么哲学家同时也会是诗人，他会研究语言，而且就天才而言不会有什么不知道的东西。

实际上，理念存在于真正的政治家的头脑里：理念是行为的规则。国家的精神存在集中于他们的思想和精神中。似乎限制了理念的物质条件给他们带来了更多的标准和依据，由此，他们在过去本身中理解它。他们并不打算做些革新的事情。尽管国家在他们手中，但是他们不是国家。他们的任务清楚地摆在面前：这是已经开始的生命的延续，不断地在提升，保持健康，我要说，这些在不停地循环，精神的血液流淌在所有的血管之中。

真正的理论，在很大程度上干扰着政治家，但更多是起推动作用。理论赋予思想生命的内容。事物的进程和重要观点交替着互相支持。更清楚的是，没有什么其他的东西更有利于发展，存在本身更富有力量。

一切都取决于此。一切在于，我们要做出点什么，写些能长久保存的东西，自己要有所作为。

道德的水泥保持着国家的建筑结构。让我们感到痛心的是，在这么多地方都松懈和松弛了。

人们不能以此来实现，什么都听各方面的，一会儿按这个原则办，一会儿又按另一个原则办，一会儿搞一个这样的革新，一会儿又搞一个另外的革新，以及向各种党派屈服。人们应该做的是，要坚强，令人信任，要忠于自己，用这种方法：要把新生事物同旧有事物联系起来，把阻力同前进联系起来，在发展的轨道上稳健而大步地向前迈进。面对自身存在的基础，模仿和错误的要求已经变得苍白无力，各党派从其身上一无所获。

狂风吹打着戈壁的沙子向前、向前，大山一定还矗立在那里。

论精神活动

[1832],见:《试论青年兰克的历史知识理论》,西格弗里德·鲍尔著,柏林1998年,第159—162页。

Über die Thätigkeit des Geistes [1832], in: Siegfried Baur, Versuch über die Historik des jungen Ranke, Berlin 1998, S. 159-162.

源于柏林(东柏林)国家图书馆的兰克遗作草稿,1998年首次发表在鲍尔的博士论文附录上,可能最早兰克考虑发表在《历史政治杂志》上。20个格言式的论点,在这篇文章结尾部分表现得更强烈,让人们猜测这涉及未完成的作品。作为兰克仅有的狭义上的哲学文章,这篇文章理应得到特别关注。文章表明,并不像通常研究察觉的那样,兰克离哲学很远。此外,以柏拉图理念为依据,兰克进一步认识了黑格尔(世界历史哲学)和谢林(世界时代[Weltalter])的观念论的精神哲学(Geistphilosophie)。——出版人衷心感谢柏林的西格弗里德·鲍尔博士的支持,以及感谢他使兰克遗作的重要文章得到科学的理解。

1. 精神通过一种活动达到自己的完全意识。精神本身既是客体又是主体。这种行为就是纯粹的思考。精神觉察自身内在的那些法则，通过这些法则，世界即成为精神的世界，这样其内涵就超过自身。逻辑学与形而上学在其中合二为一。精神在纯粹的思考之路上成为绝对者，正确的推理引领它达到那里。这是一个深植其内在的认识，精神成为它的内在，并发现它，这就是纯粹的哲学。

2. 人类的精神不仅具有认知力，还具有创造力。精神创造语言——这是按照精神的法则，尽管它本身还没有意识到——作家的创作直接体现在词的元素中。所有艺术都是精神的产物，植根于它本质的力量中，直接从中产生。所以精神在行动中表现自身。精神在社会中显露出来，这是不曾料想的，但它给社会留下它的印记。

3. 精神的这种创造力和精神的那种认知力的相互关系是怎样的呢？创造仅仅是通过认知发生的吗？例如，哲学家创造了语言，是真的吗？或者反之，认知源于创造？正如一些人的定义方式可能使人相信的那样，一个民族的哲学只是源于语言概念的自觉意识吗？我们主要探究创造活动和认知活动的相互关系。

4. 很显然，创造力只有通过完全的自发行动才能实现其目标。柏拉图觉察到，诗人在发狂的状态下创造。这是一种力量，它的规则在自身之内。这种力量越是强大，它行事越不加讨论和后思，它就把作品创造得越是完美。

5. 后来，人类的创造表现为自然的创造：人们这样认识自然的作品，如黑格尔所说，"通过把自己托付给外在的事物，以满足同样的内在必然性"。这样作品即表现为完美的了。我不知道，如果人们这样把握事物的话，这是否意味着是一种哲学的做法，认知、辨别及批判都属于此。人们如此认识语言的法则：不是一定要从深层的原因中研究语言。人们这样认识一首诗：把它分解成诸元素，试图找出创造它们的精神，看到它的根源。

6. 显而易见的法（Recht）。我们具有无意识的创造力。正因为创造力及其作品令人惊奇地遵守精神法则，因为这种创造天赋盲目地按照这一同样的法则进行——它不是应该对未来的创造者指明这个法则的路径很有用吗？哲学不应该能够指定未来的创造规则吗？

7. 哲学拥有这样的资格。它拟定普遍语法作为所有语言的基础，用普遍原则设计艺术的学说，勾画人类社会的教化学说即所谓的政治，而它又以此来规范一些东西。

8. 一个奇怪的现象是，它没有因此做成过任何事情。它没能凭借普遍的语法和声调成为一种语言，凭借美学和词语，它没有也永远不会成为一首诗；从政治和人性中，永远不会建立一个国家。哲学家的语言是不存在的；每一种美学都最终认为诗人是天生的；哲学家的国家是绝对不可能的，这是乌托邦的梦想。

9. 这是从哪里来的？要创造就得有创造力。这不依赖于任何理性。它完全来自原始的精神：它的原始性越清晰，它表现的精神就越纯粹。人们出于无数的可能性而决定了那个，选择了这个，这些属于其他的，与先前所领会的概念不同的东西。我不认为存在一个完全可被认知的创造力。

10. 诸种形式。从以往的创造来看，好像哲学的所有法则都是抽象的、不带实际因素的。现有的一小部分抽象的、受限的知识也同样如此。它又怎么能够给未来的创造定下标准和目标呢？

11. 既然哲学的认知和创造都属于人类的精神：它们就该无处相逢吗？我们必须注意到，它们在伟大人物个体的身上是统一的，创造者并非同时是思考者，二者是两个不同的人，他们的精神无穷无尽，各不相同。他们的共同之处不容忽视。

12. 存在一种三位一体，寓于其中的人类灵魂相会于此。这就是真、善和美的理念。真的理念掌握着认知，善的理念掌握着生命活动，美的理念掌握着艺术创造。这些人类精神的理念，一方面要么纯粹的哲学能够分析它们，另一方面要么让它们作为创造力显现。

13. 能有一种作为所有创造前导的对美的分析吗？

14. 无疑，在创造的行动中，直接而独断地以其内在目的作为标准；通过分析它们，能够训练人类的洞察力，单单为了"实践"而进行这样的分析往往是有阻碍的。

15. 为什么呢？因为人类内在的、自律的、神圣的力量，这些理念通过作品体现——它们不能通过话语来解释——它们只能通过行动来证明。

16. 因此认知不能先于作品，而只能紧随其后。它只能在完成的作品中认识理念的体现。干预未完成作品是不容许的，它会起到消极的作用。

17. 哲学不能极大地提升诗人，可是诗人能够促进哲学。人们会觉察到，凡是他感到匮乏的事物，基本上都是由于知识的不完善。正因如此，这些创造是自由的，是瞬间的产物。

18. 各个国家多么不同。世界是被占据着的，关系是被建立起来的，人生活在条件之下。在其中，民族精神呈现在最初的回忆里。能够存在一个最好的国家吗？不可能。那只是空想。

19. 哲学只能以两种方式进入政治，要么它认识现有的国家，像亚里士多德努力地说出每个人心中的也同样是他自己的神圣誓言一样；要么，如果它与其理想相对抗，那么它就是破坏性的。为了有效地、生动地实现其理念，它必须突破现状。

20. 最高标准是法。

关于世界史的理念的讲座的导言

[1831/32]，见：《讲座导言》（=《摘自作品与遗作》，第 4 卷），福尔克尔·多特魏希、瓦尔特·彼得·富克斯编，慕尼黑／维也纳 1975 年，第 76—89 页。

Einleitung zur *Vorlesung über die Idee der Universalhistorie* [1831/32], in: Vorlesungseinleitungen (= Aus Werk und Nachlaß, Bd. 4), hg. v. Volker Dotterweich u. Walther Peter Fuchs, München/Wien 1975, S. 76-89.

这篇未完成的文章是一份草稿大纲，兰克以此既作为"16 世纪初以来关于世界史的理念与研究的几次公开讲座"的近代史讲座（1831 年夏季学期）的基础，又是他的"论历史研究"讲座（1831/32 年冬季学期）的基础。兰克在第一部分中形成了哲学家与历史学家之间活动的反对意见，从这种不同观点中引出了历史学家的特殊任务："纯粹的真理之爱"（reine Wahrheitsliebe）、"深入的研究"（tiefes Studium）、"普遍的兴趣"（universales Interesse）、"因果关系探究"（Ergründung eines Kausalnexus）、"不偏不倚"（Unparteilichkeit）和"整体观念"（Auffassung der Totalität）。第二部分概述了（基督教－欧洲中心主义的）世界史范围。第三部分又叙述了历史科学和哲学之间的矛盾,目的是为单个的历史经验探究进行辩护以区别于一般的先验想法。

世界史的理念

历史学与其他科学的区别在于,它同时是艺术。它是科学,它搜集、发现、洞察;它是艺术,它重新塑造、表现被发现和被认识的事物。其他科学只满足于把所发现的事物仔细地记录下来,而对历史学来说,必须具备重新创造的能力。

作为科学,它与哲学同科;作为艺术,它与诗歌同源。区别在于:哲学和诗歌最初都在理想要素中活动,而历史则依赖于现实要素。如果人们给哲学定的任务是洞察在时间中显现的生活,那么它就会努力探求因果关系,在概念中掌握存在(Dasein)的核心:历史哲学不也就是历史学(Geschichte)吗?如果历史成为诗歌的对象,去重新创造显现的生活,那么它就成为历史学(Historie)。不是鉴于能力,而是通过有条件的、既定的、由经验所得的认识而来的材料,使历史学区别于诗歌和哲学。历史学既不是诗歌,也不是哲学,但是它要求两者有效的精神力量的统一,条件是这些精神力量脱离理想而致力于面向现实。历史学把两者结合在第三个它自身特有的要素里。

有些民族不具备拥有这些要素的能力。印度人有哲学和诗歌,但没有历史学。值得注意的是,这些要素从希腊人的诗歌中发展出来,又脱离了诗歌。希腊人有过史学理论,尽管其实践不能与理论相匹配，但它一直意义重大。其中一部分体现了更多的科学特征，另一部分则体现了更多的艺术特征，没有统一两者的必然性，它们互相否认。它们的理论在两个要素间活动，不知取舍。昆体良说："历史学最接近诗歌，可以说是散文诗（Historia est proxima poetis et quodammodo carmen solutum）①。"在近代，人们要么通常把真实的要素仅仅作为有价值的特征，要么单单坚持科学的特征。人们把历史学作为哲学的一部分。

然而如人们所说的，历史学必须同时是科学和艺术。它永不会是二者之一。不过，时而会是科学的特征更显著，时而又会是艺术的特征更显著。在我们的讲座中，它当然只能作为科学而出现。正因如此，我们有必要先探讨它的理念。

艺术以自己为基础，它的存在证明了它的合理性；与此相反，科学必定经过完全细致的工作而得到概念，并且根本、清楚地了解自身。

因此，我希望在开始的几堂讲座里，通过逐一探讨世界史（Welthistorie）的史学原则、范围及其统一性，来阐明世界史的理念。

一、关于史学原则

这里谈论的是，什么在为历史学家的努力辩护。不是关于生命。这一原则是公认的、必需的：谈论它的益处是徒劳无益的，因为对

---

① *Institutio oratoria* X 1, 31.

此无人怀疑——社会、事物之间的联系都要求这一原则。但是我们必须站到一个更高点上。我们试图为我们的科学对抗哲学的主张进行辩护，我们试图联系到最高点：我们探寻一种历史学的固有生命源于其中的准则——为了掌握这种准则，我们要在与哲学的争论中观察它。我们谈论在其思辨的路径上得出其结果的，并且要求统治历史学的哲学。

但是，这些主张又是什么呢？其中费希特讲过："如果哲学家把在经验中得来的可能现象从其前提概念的整体中推导出来的话，那么显然，他的工作完全不需要经验，而且他严格局限于其界限之内，完全不考虑任何经验——完全凭先验——全部的时间和所有的时期都必须凭借先验才能描述。"① 他要求哲学家有一种关于全部生活的整体概念，不同时期和时代的基本概念只有在它们的相互并列和交错中才能被把握，然后每一个特殊时期（Epochen）重新作为一个特殊时代（Zeitalter）的整体概念，以各种不同的现象呈现。②

结论是，哲学家从某个以他自己的方式所发现的真理（Wahrheit）出发，来建构全部历史——就如真理必须按照他的人类概念发生那样——他不会满意按照实际的发生毫无欺骗地记述，不管他的概念是正确的还是错误的，他都要把发生的事归结到概念下。是的，他只在概念之下，承认历史的真理。这就是历史的建构。

---

① Johann Gottlieb Fichte, *Die Grundzüge des gegenwärtigen Zeitalters* (1806), vgl. Fichtes Werke, hg. v. Fritz Medicus, Bd. IV (1922) S.399. 兰克引述时有缩减。
② Fichte, ebd. S. 400.（译文参考费希特：《现时代的根本特点》，沈真、梁志学译，北京：商务印书馆，2018 年，第 6—7 页。——译者注）

如果这个过程是正确的，那么历史学就将失去所有的独立性，它将完全被哲学原理统治；随着由此原理产生的真理一起停止和消亡。它本身所有的固有兴趣将消失；所有值得知道的东西，只是为了知道哲学的原则让自己在历史身上显示多少；先验规定的人类的发展发生到了哪一步，它完全没有兴趣让我们对发生的事情进行深入研究；想要知道人们在某一个时代怎样生活，怎样思考——这种兴趣只存在于人类的历史现象中生动的概念的总体（Totalität）中；通过历史研究，人们永不能达到一个普遍的、基于自身的确信（Überzeugung）；唯一可能的多样性存在于概念的分裂中，存在于自上而下的演绎中——这已足够说明，历史学变得不再独立了，变得没有自己的内在兴趣了，而且它的生命源泉将枯竭；那么就不值得费力去研究它，因为它内在于并被包含在哲学的概念之中。

这些主张先前已被神学提出过。神学要按照一个无疑是错误的理解，把整个人类历史分成原罪、救赎和千年帝国几个阶段，或者按照但以理（Daniel）所预言的四个王朝来划分，并且想要把显象（Erscheinungen）的整体归结到启示的几个定律之下——同样按照神学的理解。

依照哲学的方式或神学的方式，历史学将失去它的科学支撑和特征——历史学赖以生存的自身原则，完全无从谈起。

可是我们觉察到，历史学始终是这些主张的对立者。是的，即使哲学家们也未能施行他们的统治。在印刷出版的作品里面，我没有发现任何的哲学哪怕占有些许的主导地位，没有发现它能够从思辨的概念中演绎出显象的多样性——因为那个思辨的概念在事实的实在

（Realität）面前全面溃逃了。

我们还发现，历史学常常没有遭到削弱，而且以自己的力量对抗那些主张。以此方式，它证明了一个自身原则的特性，即对抗哲学的原则。

在我们把这个史学原则表述出来之前，我们首先要问，它通过哪些行为表现自己。

以前，哲学总是让人想起最高思想的要求，而历史学总是让人想起存在的条件；前者总是注重普遍的利益，后者衡量特殊的利益；前者抓住发展作为本质，所有的个体只被视为整体的部分，后者还把注意力倾向于个体；前者永远是排斥的，它把所赞同的状况置之远处，它的天性是预言的，面向未来的，后者在存在的事物上看到好与善，并且试图维持它们，它关注的是过去。

是的，在这种对立的情形下，一种科学走向对另一种科学的直接攻击。正如我们看到的，在哲学征服历史学的过程中，历史学也偶尔提出了相似的主张，它不把哲学的结论看作无条件的东西，而仅仅把它看作时代的显象。历史学认为，最真实的哲学在哲学史中，即在不时出现的各种定理中，不管它们如何相互矛盾，其中存在着人类世代可识别的绝对真理。在这一方面历史学还更进一步，它认为，哲学，尤其是在其定义的方法中，只是语言中既有的民族认识的显现；它完全否认哲学全部的绝对有效性，并在另外的显象下理解它。历史学在这一点上与哲学一致：通常哲学家们只把先前所有的体系作为一种步骤，作为一种有条件的研究，不过绝对的有效性还是归诸它们各自的体系。

我不想说事情就是这样的。我只是想指出，在关于事物的历史观点中，有一个总是与哲学观点相对立的原则，并且在不断地表明自己的态度——问题是，什么才是这种表明的态度的基础。

哲学家在他的领域中审视历史，只在进程、发展、总体里看到无尽，历史学承认在每一个存在里的无尽，看到在每一种情形中、每一个本质（Wesen）里有源自上帝的永恒——这是它的生命原则。任何事物若没有上帝的基础又怎会存在呢？

如我们所说，历史学倾向于关注个体，因此它喜欢追究显象的条件；因此它让特殊的兴趣生效；它识别善的、现有的东西；它反对歪曲的变化；它在错误中辨别真实的成分——因此它看到存在于先前歪曲的哲学理论里永恒的认知部分。

我们没有必要去证明个体中永恒的内在，这是我们的努力所依据的宗教基础。我们相信没有上帝什么都不存在，没有上帝什么都没有生命。在摆脱某个受限制的神学要求的时候，我们得承认，我们所有的努力都来自一个更高的、一个宗教的起源。

只是我们必须反驳，历史学的努力只应旨在显象中寻找那个更高的原则。不，这样它会太过于接近哲学了，因为它更多是把这一原则作为先决条件而不是观察对象。显象在其自身（an sich）又为其自身（für sich），它包含的东西又升华了它，让它变得重要，变得神圣。历史学的努力奉献给具体的事物，而不是只给其中包含的抽象的事物。

如果我们现在要求归还我们的最高原则，那么我们就要考虑，由此对历史学的工作产生了哪些要求。

1. 对真理纯粹的热爱。通过在我们要识别的事件、情形、人物中承认它们的崇高之处，我们对所发生的、遇到的、出现的事物会产生一种崇敬之情。首要目的是，认识到这一点。如果我们在任何一个地方想要用我们的想象先入为主，那么我们就将与我们的目的背道而驰，并且只能得到我们的想象和理论的反射（Widerschein）。这并不意味着应该完全停留在显象上，停留在它发生的时间、地点或者过程。这样的话，我们将只抓住一个表象，而我们自己的原则指导我们把握内在。

2. 必须做有文献记载的、详尽的、深入的研究。一定要致力于显象的本身、它的条件和环境，尤其是从根本出发，否则我们不可能知其所以然，而后究其本质、其内容。因为最终每个个体都是精神的，所以它只能通过精神的感知来领会。这种感知以法则的一致性为基础，遵循这些法则，思考的精神进行着，凭借、通过这些法则，被观察的客体显现出来。这里就已经有一个或多或少的天赋。所有天才都是以个体与种属的一致性为基础的。创作原则进行塑造，本质进行创造，它们相遇于个体，原理确认本性，从而使自己变得清晰，达到相互理解。每一个人在或多或少的程度上都拥有这种天资。如果每一个人在研究中都能够坚持真理，带着不偏不倚的精神和谦虚，那么他就有希望去认识、看透这个他努力致力于的事物。但什么是不偏不倚（Unbefangenheit）呢？——它引向我们原则的第三个要求。

3. 一种普遍的兴趣。有些人只对资产阶级制度、宪法感兴趣，或者只对科学进步、艺术创作、政治纠纷感兴趣。迄今为止，大多数历史都是关于战争与和平的。但是由于那些方向（Richtungen）从来没有分别存在过，而总是一同出现，互为条件——例如，各科学方向通常既影响外交政策又尤其影响国内政策，因此我们对它们应该给予同样的兴趣，否则我们将不能够分别领会它们，而且与认知的目的相悖。我们所指的不偏不倚即在于此。它不是说缺乏兴趣，而是对纯粹认知的兴趣，不被以前就有的观点所混淆。但怎样做到呢？如果这种深入探求真理的努力不仅仅是把全部领域分解成多个单个部分，那么我们岂不是只忙于一系列的断简残编吗？

4. 探究因果关系。本来我们应该对一个简单的证词感到满足，满意于它符合客观现象。假如不同的事件之间只是一种前后相继，那么对起初的要求来讲就发生得够多了。可是它们之间存在着一种相互关系。同一时间的事件相互触及并相互作用，之前发生的事决定着之后发生的事。这是原因（Ursache）和结果（Wirkung）之间的一种内在联系——即使这种联系没有被标注年代，它的存在也并非无足轻重，它存在，而且因为它存在，所以我们必须寻找、认识它。这种由原因推导出结果的历史研究被称作务实的（pragmatisch）历史研究。然而我们不想完全按照通常的方式去理解它，而是根据我们自己的概念来理解它。

自近代历史编纂学产生以来，实用主义（Pragmatismus）在实践中应用一个理论体系，在这个体系当中，自私和权欲组成事物的动力。艺术通常从对被人们接受的那一些或另一些的狂热激起的个体行为的观察出发，进行推导并发展。就这样，整个观点给人一种枯燥的、无宗教的、冷酷的印象，令人悲观失望。我不否认，那些动力（Triebfedern）能够非常强大，相当具有侵犯性：我只否认，它们是唯一的。首先是在真实的信息里尽可能准确地研究，不管我们是否能够发现真正的动机；通常情形下它可能就是，而不用去考虑；只有当我们进行不下去了，才允许我们拥有推测的空间。人们不相信，这会损害观察的自由；相反，研究越有文献记载、越精确、越有用，艺术就能越自由地活动。只有在直接的、不可否认的真理的要素中，它才适宜！本身枯燥的只是那些虚构的，多种多样的、深入的、来自新鲜观察的是真正的动机（Motive）。就像认识一样，我们的实用主义本身是有文献证明的。它甚至能很少言寡语，但很重要。事情本身在何处说话，纯粹的汇编在哪里公布相互联系，史学没有必要赘述同样的事情。

5. 超党派性（Unparteilichkeit）。在世界史上，通常存在两种互相斗争的派别。这些派别引领的斗争尽管非常不同，不过关系紧密。我们总是看到其中一个派别从另一个派别中产生。

我们不认为，随着时间的推移，他们会被轻易忘却。对历史或后世的评判，人们确确实实有着幸福的期盼，并千百次地呼唤着它。然而在进行这个评判时过于频繁地带有偏见。在我们自身中，也有一个与以前相似的兴趣。只是我们太过经常地根据现今判断过去。也许这种情况从没有像现在这么严重，几种兴趣贯穿了整个世界史，它们比以往更多地左右一般观点，并把它分成赞成和反对两大阵营。

政治可能是这样的。而历史本来却不是这样的。首先我们必须摒弃在错误中寻找真理，不要把每一个存在作为充满着原始生命力之物来看待。在任何一场相似的斗争中,两个派别都必须从自己的立场上,在自己的环境中,也就是说在它们内部的存在中被观察。我们必须先把握它们,而后去评判它们。

人们会指责我们说,那个写作者,那个叙述者也必然有他不能放弃的观点、宗教信仰。假使我们敢于说,有谁在每一场争论中都是正确的,那么他们是正确的。可能我们很清楚,假如我们在一场斗争中,我们会决定支持哪一个观点。非常可能的是,那个超党派性经常在两种截然不同的观点的争论中看到真理在中间,而要把它找出来常常是不可能的,它肯定会选择一种观点。然而绝不完全取决于此。我们能够看到错误,但哪里没有错误?我们不会因此诅咒它的存在。我们承认善,当然也承认恶,它同样是人性。

我们要检验的不是观点,我们研究的是在政治和宗教的争论中经常起决定性影响的存在。在这里,我们要从更高的高度去观察相互对立斗争的各要素的本质,我们不从中调解它们,也绝对不能去判断错误和真理。展现在我们面前的是形形色色的人物,多姿多彩的生活,它们之间的作用力与反作用力。我们的任务是,从它们存在的根本上去洞察它们,并用完全客观的态度去描述它们。

当今有两大互相斗争的派别,话语似乎成为了他们运动和对抗的旗帜。历史学从本质上区别于那些热衷坚持永远不变的,也区别于那些热衷持续运动的派别。有人认为坚持不变是法学的原则。他们在维护某个公认的状态、某种特定的法则中找到一种合法性。他们不愿理会,现有的存在是通过千百次的斗争毁灭旧的存在而建立起来的。如果历史学也这样的话,它将停滞不前。它将在某一个地方达到它的目标：可以说存在一种最合法的状况，所有的变化在此停止——这是一件不可想象的、不可能的事情。但是它同样不赞成颠覆传统，把旧制看作一种完全死亡的、无用的东西，而不考虑地区性和特殊利益。如果历史学在研究中就已畏惧暴力，那么在实践中就畏惧更多。这种捣毁和改变以及再次捣毁，不是自然的道路。它是一种内部瓦解的状态，通过这样的方式显示出来；它是一个与自身冲突的有机体：看上去奇特，却又是允许的[？]，但令人不愉快。当然历史学家承认运动（Bewegung）的原则，但是把它作为演变（Evolution）来承认，而不是作为变革（Revolution）来承认；正因如此，他承认反抗的原则。只有在双方抗衡的地方，没有陷入那些激烈的、吞噬一切的斗争，人类才能兴旺。正因为此，因为史学家对两者都承认，所以他才能对双方都公正。历史学对它们之间的斗争不能做理论上的决定，而是要讲授它们的过去；他清楚地知道，这场斗争将根据上帝的意志决定。

6. 整体的观点。虽然存在着个体，但个体与个体之间有着相互联系，因而最终存在的是整体。如果它是一种生命，那么我们把握它的表象。我们通过另一个时刻察觉某一时刻的相继顺序和它所依赖的条件。仅仅这样就足够了。在这里面它就是一个整体，它是一种形成过程、作用、自我主张、消亡。这个总体无疑在每个时刻都有着不同的表现。我们必须对它投入全部的注意力。如果它是一个族群（Volk），那么它不仅是其生动表现的每个瞬间，而且是来自其发展、行为、制度、文学的全部的理念在与我们交流，对它我们必须全神贯注。我们对它研究得越深入，就越难以掌握它——因为这里它也只有通过精确的探究、逐步的推算才仅仅是对文献记载的研究，借此我们获得些许成果；通过对已熟知的事物的归纳，不是通过对不甚了解的事物的推测，不是通过哲学论断。可以看出，研究普遍历史会多么困难。它是多么庞杂！需要种种的努力！光是掌握个体就是多么困难！因为除此之外我们有好多东西不知道，我们怎能把握其中的因果关系，更不用说探求整体的本质。我认为，完全解决这项任务是不可能的。只有上帝才知道世界历史。我们清楚那些矛盾——"和谐"，正如一位印度诗人所说的，"为神所知，但不为人所知"——我们只能认罚，只能由远而近地认识历史。但是对我们来说，这是清楚的，确实存在一个统一体，一种进步，一种发展。

这样，我们通过历史学路径到达了哲学的任务。如果哲学是它该有的样子，如果历史学是完全清晰的、完美的，那么它们两者将完全一致。历史科学（historische Wissenschaft）的要素将充满着哲学的精神。如果史学艺术成功地以诗的力量，赋予同样的事物以生命，不去虚构新的事物，而是真实地重现掌握和了解的事物，重新创造它，那么，它同时是科学和艺术，像我们开头所说的，两者在史学固有的要素里结合起来了。

二、关于世界史的范围

三个方面：1. 连续性，2. 共时性，3. 个体发展。

1. 连续性。① 基本上,历史学应涵盖整个过去发生的人类生活的全部。只是当中太多的东西是遗失了的和不为人知的。它的存在的最初时期——那么多的中间环节——遗失了,而没有任何希望有一天会找到它。

我们能够看出,历史学具有怎样重要的意义。在另一种风格中,作者逝去之后,人们就缺少了一种唯一的个人表达。可是在一本历史书里,表达的不仅仅是作者的存在和观点,它令我们更加感兴趣的是它所包含的那种陌生的生活。被记述的事情,很多都遗失了;其他的根本没有被记述下来——这所有的一切都是死亡了的;而那些被历史记住的人没有完全死亡,当他们被人们所了解,他们的本质和存在就继续发生作用。随着记忆的消失真正的死亡才发生。幸运的是有些地方还残留着文献记载的遗迹。至少这些能够被我们了解。

可是那些没有文献记载的地方怎么办呢?例如史前史?我主张把它排除在历史学之外,原因是,它与史料研究的原则相违背。

应该完全被排除在外的是,在世界史中通常由地质推论及自然史结果而得出的关于宇宙、太阳系和地球的最初形成的结论。通过我们的路径,我们对这些一无所知。承认我们的无知是允许的。

至于神话,人们通常不会否认,它有时也许包含某种历史要素。但是最重要的是,神话所表达的是一个族群关于其自身、关于其在世界中的位置等观点。它之所以是重要的,是因为一个族群的主体将其思想在其中记载下来,而不是因为其中可能包含的客体。在这

---

① 原文如此,只谈到了第1点。——译者注

个方面，神话对历史研究很有用，因为它有着坚实的基础；在另一个方面则没有。

终于，我们也能够对那些族群稍加注意，他们至今保持着一种自然状态，并且我们可以设想，这种状态从开始到现在都是这个样子，史前世界的状态在他们中保存完好。印度和中国拥有久远的年代和宽广的编年史。就是洞察力丰富的编年史家们都不能从中找到什么东西。他们的古代非常了不起。他们的情况更多地属于自然史［文本中断］。

［……］一种多么崭新的生活开始了，并引发了美好的创造。

希腊化王国被罗马帝国击败，但由此只发生了一件事，那就是希腊精神的作用在西方得到了最广泛的传播。

在日耳曼王国的压迫下，罗马帝国衰落了，但是它给自己身上打下了精神创造的烙印，对所有时代来说，这些创造都是不可忘却的，它们是古代精神的完美和形变，这是法，是基督教，是合理的国家组织。

基督教在日耳曼世界的传播结出了怎样的果实！它为一切近代伟大而崇高的事物的起源奠定了基础。

它绝对是这样的：整个世界史证明了它。

可是，那些由此而唤醒的史料乍一看是多么累赘、迟钝和讳莫如深。每一个积极的瞬间，即使它通常不具有多么巨大的意义，对我们来说也是重要的，因为它其中包含有精神生活的改变。

世界史的四周充满着精神塑造，充满着完全的内在真理、必然性和能量，它们的交替是一种不可估量的进步，而我们自己就处在这个进步的中间。

我们现在就不再谈论那完全消逝的事物了。再次消亡是生物法则,但它那通过天性和努力而发展起来的精神内容属于永恒的、理想的王国。它还拥有永远不会消灭的作用,正如它曾经汇入越来越密集的、越来越广阔的精神生活的大河之中。

在这个意义上,历史不是哲学的对立,而是它的完善。区别在于,历史不仅在精神生活的必然性前提下对精神生活进行推论,而且在它的表象和发展中洞察它。历史的本质是直观(Anschauung)和理解(Verständnis)。历史抓住事实,不过[它遵循的]是理解性的、精神领域的事实。

既然在整个历史领域是这样的情形,那么它在最近的历史里尤其特别地呈现在眼前。在这里,所有奋斗不是只有一个理想内容——就像以前也是这样的状况——而是人们自身同样处在高度的自觉中。人们怀着这些理想,互相坚决斗争,还怀着包括整个存在的理想。人们宣布为何而战。

这种由理念以及对相互发展和相互斗争的精神力量的直观而形成的彻底的真实,因此也是极其必要的。

[个体的历史研究和哲学抽象]

人们常常注意到一种哲学和历史学之间不成熟的冲突。人们根据先验观念决定什么是必须存在的。还没有觉察到那些观念暴露了很多疑问,人们就开始在世界历史中重新寻找它们。人们从无尽的事实中选出那些好像能够被文献证明的事实。人们也把这些称作历史哲学。带着这些观念,历史哲学作为有着不容拒绝的要求,总是重复再现，观念之一就是，人类被理解为在不断的进步中、在一直的学习中趋向完善。费希特，这个学科中最早的哲学家之一，采用五个时期的分期法；如他所说的一个世界计划是：理性通过本能统治；理性通过法统治；从理性的权威中解放；理性科学；理性艺术——或者无辜；增长的罪恶，十足的罪孽，增长的、完美的自我辩护。这些时期是在一个个体的生命中可能出现的。① 如果这个或相似的模式在一定程度上是真实的，那么通史就拥有可追寻的人类在标明的方向上从一个时代带到另一个时代的进步；它将用这些概念的发展，在其表象和表现世界中把它的整个领域填满。还不仅如此。因为哲学家们自己曾经对那些所谓统治理念的方式和选择意见大相径庭。然后，他们聪明地只接受世界史上的少数几个族群，而把其他所有族群的生活视为微不足道，仿佛只是额外的东西。否则，我们的目光就不会被遮蔽，而看不到世界上的各族群从起源开始到今天都处在完全不同的状态之中。

　　认识人的事务有两种路径：个体认识路径与抽象认识路径——一条是哲学路径，另一条是历史学路径。没有其他的路径，并且即使启示录也把两者理解为：抽象的句子与历史学。这两种认识的根源要区分开来。不容忽视的是，某些历史学家也只是错误地把整个历史看作是一个诸多事实的庞大集合，人们必须将其纳入记忆中，那么就有了这样的情形：个体与个体相互依赖，并且仅通过一种普

---

① Johann Gottlieb Fichte, *Die Grundzüge des gegenwärtigen Zeitalters* (1806), vgl. Fichtes Werke, hg. v. Fritz Medicus, Bd. IV (1922) S.17 f.

遍的道德互相束缚。我更认为，历史科学应自我完善以完成它的志业和使命，能够从对个体的研究和观察中，在自己的路径上达到对事件的普遍观点，达到对其客观存在的相互关系的认识，从而自我提升。

为了成为真正的历史学家，照我的看法有两种品质是必需的：首先是对个体在其自身和为其自身的参与和乐趣。如果人们对这些形形色色的人具有真正的兴趣，即对我们自己这样的生物，它一直是老样子，却也总是不一样的，如此美好却又如此邪恶，这样的思想崇高却又那么兽性，这样有教养却又那么粗鲁，这样向往永恒却又屈服于瞬间，这样幸福却又那么苦命，极易满足却又欲望无限。如果人们全然对人类生机勃勃的表象充满喜爱的话，那么就会完全不在乎事物的继续发展，而对他们一直以来怎样寻求生活感到高兴。人们将注意寻找他们所追求的美德，他们自身所匮乏的，他们的幸福与不幸，他们在各种各样的条件下自然本性的发展，他们的制度与风俗，并为了掌握所有东西，也追寻人们在其统治下生活的国王们，事件的顺序，主要活动的发展——所有一切没有别的目的，只是出于对个体生活的乐趣。就像人们喜欢花，而不会考虑它们属于哪一个林奈分类（Klasse des Linnäus）或者哪一个奥肯目族（Ordnung und Sippe Okens）。这就足够了，不会考虑整体怎样显现在个体中。

然而这样是不行的，历史学家必须注意到普遍性。他不会像哲学家那样把它事先臆想出来，而是在对个体的观察中看到世界发展的普遍进程。但这种发展不是指在这个或那个时代占据统治地位的普遍概念，而是指完全不同的事物。世界上没有一个族群与其他族群没有过接触。这种取决于其自然本性的关系就是，它在世界史中在何种关系中出现，以及在通史中必须突出哪种关系。现在，几个族群在地球上以强权武装出现在其他族群面前，它们堂而皇之地对其他族群施加影响。这些强权尤其引起了世界向好的或者坏的方向转变。我们的注意力不应瞄准这些概念，谁似乎统治了谁，而是应瞄准这些在历史上活动的族群本身，瞄准他们的相互影响以及相互交战的影响，瞄准他们在和平关系或战争关系中的发展。因为如果只寻找历史上的强权斗争中的暴力作用，并因此只抓住表象的消逝，是大错特错的：不曾有一个国家离开精神基础和精神内容而存在过。在权力中出现的是一种精神的本质，一个最初的天才，他拥有自己的生活，或多或少地满足一些特有条件并建立起一个自己的权力范围。史学的工作就是感知这个不能通过一种想法、一句话来描述的生活。这个在世界中显现的精神不是那么概念性的，它以其当下来填充其存在的所有界限；在它身上没有任何东西是偶然的，它的表象在一切之中有根据。

列强——历史观点的未完成作品

[1833]，见：《论文与试笔》（＝《全集》，第24卷），莱比锡1872年，第1—40页。

Die großen Mächte. Fragment historischer Ansichten [1833], in: Abhandlungen und Versuche (= Sämmtliche Werke, Bd. 24), Leipzig 1872, S. 1-40.

这篇文章首先刊登在1833年《历史政治杂志》第二卷第一册中。与兰克的其他文章不一样，这篇文章将兰克"精神存在"的理念作为推动世界历史的主体加以说明，世界史的参与者是"历史的个体"（"国家"和"政治家"）。兰克此时把"世界史"理解为欧洲大国的历史。但与他的普鲁士－小德意志历史学派专业同行们不一样，与黑格尔的哲学也不一样，兰克不是从一个过程开始，而是从一个民族、一个族群或者一个国家开始贯穿到过程的终结。尤其重要的是，他关于历史形成的观点与"强国演奏会"紧密相连。1814—1815年间维也纳会议框架内的"强国演奏会"，形成了拿破仑战争以后以平衡的政治力量恢复秩序的欧洲的隐喻。兰克把各个强国争夺占优势的地位最后却无济于事的尝试称为欧洲历史（也就是世界史）的基本原理。为此，其他强国的继续反抗形成了一种(外部)政治均势的状态,这就是浮现在兰克眼前的理想的状态("欧洲的共同体"),是他未表达出来但长期在争取的政治目标。基督教和("西方国家")共同传统是兰克欧洲观念的联结纽带。

列 强

研究和阅读的感受无异于一次旅行,是生活本身不寻常的事情。不管这些让我们乐在其中的事件多么吸引和鼓舞我们,它们都随着时间的流逝而退居幕后,变得模糊不清,进而消失;只有我们在一个地方或另一个地方所收获的重要印象,即我们无意识或由于特别留意的观察所产生的总体看法,才保留下来,从而增加了我们的精神财富的数量。所享受的生活的最重要时刻都汇集在记忆里,并构成其活生生的内容。

诚然,人们在阅读一部重要著作之后,可能会对同一事件得出不同的结论,对较重要的章节再重新查看一番。有时候,对包罗万象的研究进行总结是可取的。我冒昧地要求读者,把过去一个半世纪的历史结果与现今联系起来,这段历史只有通过种种努力才能被正确认识。

毫无疑问,将某一历史时刻置于历史真实当中以及特定的进程当中来考察,就其本身而言,具有不可估量的价值。特殊性包含着普遍性。只是有一点不可规避,即从自由的立场出发来通观整体,而且人人都以不同的方式力争做到这一点,见解不同却不由自主地殊途同归。

只是，对这样的一种观点，想以区区几页纸就准确地阐明自己的理由并希望获得赞同，是困难的。但我还是要斗胆尝试一下。

如果我能够动摇近代世界形成过程中几乎普遍存在的一些错误观点，能够在一定程度上清楚而毋庸置疑地反映我们所处的世界时刻，如其通常发生的那样，那么我怎样才能够更好地续写新一册的杂志呢？

既然我现在敢于做这一尝试，那么我就不可过多地追溯，否则，就有必要撰写一部世界史了；而且我有意把握重大事件，注重各个不同国家的外交关系进展；对国内关系情形的解释将大多包含其中，这些国内关系和那些外交关系处于各种各样的作用与反作用之中。

路易十四世时期

我们假设，在16世纪人们看到的欧洲自由是在西班牙和法国之间的对立与均势之中的。其他国家发现一个国家变强了，就跑到另一个国家那里寻求避难。法国有一阵子被内战削弱，且遭到破坏，这种情形显然是一种普遍的不幸；然后，当人们非常热烈地欢迎亨利四世（Henrich IV）时，不单单是因为他在法国结束了无政府状态，还主要是因为他由此成为稳固的欧洲秩序的恢复者。

然而情况是，法国使西班牙在荷兰、意大利半岛处处受到严重的打击，并在德意志战胜了对手的同盟，它仅凭此夺取的优势，就比西班牙在力量巅峰时所占据过的优势还要大。

我们回忆一下1680年的欧洲形势。

法国非常适合且长期以来已经习惯于使欧洲维持在纷扰之中——在一位完全了解这个国家的国王的统治之下，贵族在经历了长期的不服从之后终于臣服于他，并以相同的热情在宫廷和军队中效力。国家的神职人员都与他结成抗拒罗马教宗的同盟——法国此时比早先任何时候都更加同心协力、更加强大。

为了在一定程度上较全面地掌握力量对比，我们只需要回忆一下，在（神圣罗马帝国）皇帝建立他的两个最初的常设军团，即步兵和骑兵的时候，路易十四世（Ludwig XIV）在和平时期就已经拥有10万人的守备部队和1.4万人的卫队；当英国海军舰队在查理二世（Karl II）统治的最后几年里变得越来越衰弱（它在1678年有83艘船）时，法国海军舰队在1681年已拥有96艘一级和二级战列舰，42艘护卫舰，36艘小型战舰和同样多的火攻船。路易十四世的军队是人们知道的最训练有素、最骁勇善战的军队，他的船舰都造得很好，其他君主都没有如此巩固的防线，既能进攻又能防守。

不过，不单单通过军事力量，更通过政治与联盟，法国人成功地战胜了西班牙人。他们由此而达成的关系，造就了他们的统治地位。

我们首先来考察一下北方和东方。1674年，瑞典人在没有准备、没有金钱及没有正当动机的情形下，只是出于对法国的诺言和对由其提供援助的信任，就发动了一场危险的战争。约翰·索别斯基（Johann Sobieski）① 升任波兰国王，这在官方报纸上被宣布为路

---

① 在反对土耳其的斗争中表现卓越的统帅，在长期的王位纷争后于1674年被选为波兰国王，史称约翰三世·索别斯基。

易十四世的一次胜利——波兰国王和王后长期服务于法国的利益。如果通过维也纳行不通的话，就利用匈牙利对奥地利的不满：法国人为波兰人和土耳其人牵线搭桥，因为他们对[土耳其的]咨议会（Diwan）有着长久的、通过惯常手段保持的影响。这一切都是一个体系。法国政策的一个出色考虑就在于，保持波兰和土耳其之间的和睦关系，即使鞑靼汗（Tatarkhan）①也牵涉其中。另一个考虑是，不让瑞典被俄国人以武力占据。孔塔里尼（Contarini）②在1681年说过，莫斯科人几乎还没有摆出样子要进攻与法国结盟的瑞典，土耳其人就用军事力量威胁要侵入沙皇的土地。这些足以说明，这些相距甚远的地区的战争与和平都取决于法国。

我们知道这一同样的体系是如何通过瑞典直接触及德意志的。但是，即使没有这一点，我们的祖国也是充满纷争的和虚弱的。巴伐利亚和普法尔茨由于同法国的宫廷联姻而联系起来，而几乎所有其余的诸侯也先后接受了援助；科隆选帝侯③通过一份由不同的虚假条约（Scheinverträge）而隐瞒的正式条约（förmliches Traktat），把诺伊斯（Neuß）的城堡交给了法国驻防部队。

即使在中欧和南欧，也没有多少不同。瑞士人有时有超过两万人之强的力量在法国军队中服役，至于它的议会章程（Tagsatzung）的独立性，在如此强的公开影响，甚至更强的秘密影响下，就没多少值得称道的了。为了保持意大利的畅通无阻，黎塞留·皮内罗洛

---

① （克里米亚）鞑靼人统治者的头衔。
② 路易十四世力量最强大时代驻法国皇宫的威尼斯外交官（1676—1679年在任）。
③ 1671年科隆的马克西米利安·海因里希（Maximilian Heinrich）。

(Richelieu Pinerolo)认为：卡萨莱（Casale）①更加重要，通过它可以直接威胁到米兰和热那亚。每个人都看得到，如果这个地方也落到法国手里，这有多么危险；然而，没有人敢于对路易十四世同曼托瓦（Mantua）公爵之间进行的旷日持久的谈判进行严正抗拒，而最终一支法国驻防部队进驻那里。如同曼托瓦公爵一样，其余的意大利王侯也多半对法国承担着义务。萨伏伊（Savoyen）的女公爵②和比利牛斯山脉另一边的葡萄牙女王③，都是法国女性。埃斯特雷红衣主教④对她们中的任何一个都拥有毋庸质疑的威力，以至于人们说，他专横地控制着她们，通过她们控制着这些国家。

然而人们果真就要相信，法国在与来自奥地利王室的敌人的斗争中已获得占优势的力量，那么它对于这些敌人就取得了决定性的影响了吗？它善于区分西班牙战线和德意志战线。西班牙年轻的国王⑤和一位法国公主结了婚，不久之后，法国大使就在西班牙内部事务中施加影响。就我所看到的，这个国家当时最重要的人物——第二位奥地利的唐·胡安（Don Juan d'Austria）⑥的声誉由于法国人而遭到了败坏，以致死去。然而，即使在维也纳，甚至在战争中，他

---

① 1681年9月30日，卡萨莱和斯特拉斯堡在同一天被法国人占领。
② 安娜·玛丽亚（Anna Maria），奥尔良公爵菲利普的女儿。
③ 玛丽亚·弗朗西斯卡（Maria Francisca），卡尔·阿马多伊斯·冯·内穆尔（Karl Amadeus von Nemours）公爵的女儿。
④ 塞萨尔（César，1628—1714），拉昂的主教，从1682年以来就是埃斯特雷红衣主教，作为法国的公使，在意大利、巴伐利亚、萨伏伊和西班牙的不同地区工作。
⑤ 西班牙卡洛斯二世（1661—1700），在第一次婚姻中与奥尔良的玛丽亚·路易斯（死于1689年）结婚。
⑥ 第二位奥地利的唐·胡安即胡安·何塞（1629—1679），费利佩四世和女演员玛丽亚·卡尔德龙的儿子，于1669年成为阿拉贡王国的副牧师，1675年被卡洛斯二世任命为首相。

们也懂得如何秘密地站稳脚跟。至少只有在这样一种前提下，人们才相信能够理解那里的内阁的波动。像蒙特库科利（Montecuccoli）① 所抱怨的那样，凡尔赛知晓宫廷作战会议的命令，要早于自己的司令部。

在这样的情形下，相较于欧洲其他诸国，英国有这个职责，也只有它拥有对抗法国人的力量。但是人们知道，查理二世通过政治和爱情、奢侈和宗教、利益和阴谋等种种动机的特殊联合，同路易十四世拴在一起。然而，对于法国国王来说，这种关系还不够牢固。与此同时，他所关心的是把议会最重要的成员拉到自己这边。不论他们如何具有独立、共和的思想倾向，他只需要使用一些同样的手段。可以用各种理由，法国公使巴里永②说到其中之一："我为他提出的各种理由，都说服不了他；但是，我给他的金钱，却使他感到稳妥。"经此，路易十四世才把英国控制住。如果英国国王与路易十四世疏远，那么在议会里就会遭到同样的抵抗。一旦议会容忍针对法国人的民族反感情绪，就受到英国国王的反对。路易的政策，巴里永也明确说过，这让路易十四世挂在心上的事情，乃是阻止英国人的团结，阻止国王和议会之间的和解。他的成功真是太顺利了，英国的力量经此完全被中和了。

而这样一来，整个欧洲相对法国人是分崩离析、软弱无力的，如

---

① 即雷蒙多（Raimondo）伯爵（1609—1680），他从1649年起任陆军元帅，从1668年起为维也纳皇家战争参议会主席。1664年在拉布（匈牙利）附近的圣哥特哈德成为对土耳其作战的胜利者。除了图伦内（Turenne），他是17世纪最重要的军事作家。
② 即保罗·巴里永（Paul Barrillon，1630—1691），法国外交官，1677—1689年任法国驻伦敦大使。

同一位威尼斯人所说，既无心，又无胆。这是怎样的一种普遍政治状况，人们容忍路易根据他的一位梅斯的议员的提案，设立了那些重新统一议院（Reunionskammern）①，他把有权力的诸侯传唤来，让他的法庭就像判决私法一样判决他们通过国家条约加以保障的在土地和民众方面的权利！德意志是怎样的一种状况，它听任斯特拉斯堡（Straßburg）被如此暴力地、如此违背天理地夺走！请允许我引用一位外国人很久以后描述阿尔萨斯（Elsaß）被占领后的情形。扬②在一篇旅行游记中说道："如果人们阅读这段历史，那它不会给人留下多深的印象；然而，我从法国过来，不得不越过高山，然后向下进入一片平原，这里居住着一个与法国人在风俗习惯、语言和起源方面都完全不同的民族（这个平原是从前被占领来的），这给我留下了印象。"而德意志忍受了这样一种侮辱，并就此签订停战协定。

在这种情形下，路易十四世还有什么事情不敢做呢？我不想停留在这一点上，即他如何践踏热那亚（Genua，意大利）③，他如何让他的公使不顾罗马教宗的反对而武装进入罗马；我们只要回忆一下他是如何不珍惜自己的朋友们，情形就变得清楚了。他侵占了茨魏布吕肯（Zweibrücken）④，尽管它属于他的旧盟友，即瑞典国王；他

---

① 设置在梅斯、布赖萨赫和贝桑松的重新统一议院，提出了在某个时候曾属于法国在1552年、1648年、1668年和1679年获得的各个方面的要求，而且这些议院还开始和法国的王权结合起来。
② 阿瑟·扬（Arthur Young，1741—1820），英国作家和国民经济学家，撰写了很多农业著作和游记。兰克的引文出自他的主要著作《法国游记》，2卷，1792—1794年。
③ 1681年9月17日法国舰队的炮击。
④ 1681年与各种合并相联系。

的海军上将①炮击希俄斯岛，因为的黎波里的海盗逃到那里去了，尽管土耳其人是他的同盟者；他在和平期间，即在最默契时期，强占了属于英国哈得孙湾公司②的几个堡垒。至于那位波兰女王③，路易十四世没有让她的抱负得到一点满足。在他通过金钱和扶持培养出一些朋友之后，他喜欢冷落他们，不管是为了向他们证明他根本就不需要他们，还是确信，单单畏惧他的不满就将使他们遵守义务。在每次谈判中他都想让人感到这是他的优势。他自己在谈到他的外交部长们中的一位④时指出："我不得不疏远他，因为经他的手所办的所有事情都缺乏气魄和力量，而这是人们在执行一位并非不幸的法国国王⑤的命令时所必须显示出来的。"

人们可以认为，这种信念就是他好战的最主要动力。正是在他内心中有对领土的强烈的无节制的贪婪，四处征服其实不是他的醉翁之意。就如征战本身只不过属于宫廷事务——召集起一支军队，让它在女士们面前耀武扬威；一切准备就绪；战役获得胜利；国王进入被占领的城市，然后匆忙返回宫廷——主要的就是这种凯旋的壮观气势，人们对宫廷的钦佩敬仰，这才是他的乐趣所在。他所关心的不

---

① 杜奎斯内海军上将（Admiral du Quesne）。
② A. 安德森（A. Anderson），《从最古老的时代至现代的历史和编年史》，由 J. P. Bamberger 译白英文，7 卷本，里加，1773—1779 年，第 6 卷，第 139 页。
③ 玛丽亚·卡西米拉·路易斯（Maria Casimira Louise），海因里希·达奎恩德侯爵的女儿。
④ 指蓬波纳侯爵阿尔诺（Arnauld Marquis de Pomponne），从 1671 年起任路易十四世的外交部长，在 1679 年奈梅亨媾和以后被解职。
⑤ 就我所知，伏尔泰首先告知了这一点。*Siècle de Louis XIV*, II, P. 99. 关于路易十四世的性格，参见兰克：《16、17 世纪法国史》，第 4 卷，进一步参见西南德出版社版《七年战争的起源》第 11 卷，第 226 页及以下、第 291 页及以下。

是占领，不是战争，不是它们为他散播的光辉。不是的！他寻求的不是一种前所未有的、伟大的、不朽的荣誉；他关心的只是周围的人对他的宣誓效忠，对他来说这才是现世和后世。

但是，欧洲并没有因此而少遭受一些危害。如果有一种最高权力，那它必须至少是一种合法的。这种实际上非法的东西，随时专横地干扰平静的现状，它将瓦解欧洲秩序及其发展的基础。人们并没有始终认识到，这种秩序由于其合法的、在法律上受到确认的本质而有别于在世界历史上出现过的其他一些秩序。确实，各种世界运动又一次破坏着法律体系；然而，在它们过去以后，这一体系重新组合，所有的努力都旨在再次圆满构建这一体系。

而这还不是唯一的危险。更危险的是，如果一个民族的绝对占优势的影响使得其他民族得不到独立的发展，更何况这种影响有着文学优势的支撑。意大利文学已经圆满结束了其原创历程，英国文学还没有提升为普遍的意义，当时尚不存在德国文学。法国文学，有着灵巧地、出色地和生机勃勃地以严格有规则的但却优美的形式，为世人所理解，并且仍然具有民族特点，开始慢慢控制了欧洲。这看起来像一种玩笑，人们发觉，在对语言进行规范的学术词典中对狩猎和战争有特别丰富的表达，不亚于朝廷事务。但不可否认的是，这种典籍完全与国家相适应，是支持国家获得最高权力的工具。巴黎成了欧洲的首都①。

---

① 吕斯：《法国和法国人对德国和德国人影响的历史发展》，摘抄了当时的几张传单，这一点就是出自这些传单。第234页。兰克所引用的是历史学家克里斯蒂安·弗里德里希·吕斯（Christian Friedrich Rühs，1781—1820，从1810年起他被聘为柏林大学正教授）的著作，1815年出版。

从未有另一个城市像它那样，对高尚世界和有影响力的阶级在语言、风俗习惯方面进行统治，欧洲的共同性在这里找到了中心点。然而非常特别的是，法国人当时就已经宣扬过他们的普世状态，即"受到保护的臣服的幸福状态，在其中，法国处于它的国王的统治之下，即处于一位君王的统治之下，世界受到他的勇敢和睿智的统治，并实现真正的统一，他当之无愧"。

如果人们重新回到那个时代，即回到共同生活的状态，那是怎样一种暗无天日、令人窒息、痛苦的前景啊！可能发生的情形就是，斯图亚特王朝的错误方向在英国占据上风，而英国的政治则在整个时期都与法国的政治捆绑在一起。在《奈梅亨和约》签订之后，进行了一些最为激烈的谈判，为的是让罗马皇帝的选举落到路易十四世身上或是落到法国王太子（Dauphin）身上；最终在这件事情上，赢得了重要的投票，"因为，只有最虔诚的基督教的国王才有能力重新恢复帝国昔日的光辉"；在有偏袒的情形下，真的作出这样一种选择并不是不可能的；如果后来西班牙君主政体也落入这个王室的一位王子手中，会怎样呢？如果法国文学有能力同时造就两个派别，即新教和天主教，那么，法国人的国家和精神将以不可抗拒的力量征服欧洲。如前所说，如果人们重新置身那个时代，怎样令人相信，能够制止这样一个事态的不幸转变的发生？

针对权力和政治优势的增长，稍弱的国家可以联合起来。它们结成联盟，亦即联合体。到那时，欧洲均势的概念就会产生出来，如人们所说，许多其他国家的联合必定有助于遏制法国宫廷的过度狂妄。围绕着荷兰和威廉三世（Friedrich Wilhelm III）聚集起各种抵抗力量。

人们用共同的努力来抵御进攻,进行战斗。如果人们试图说服自己,永远存在着一种补救办法,那就完全错了。尽管有欧洲联盟和一场幸运的战争,波旁王朝的成员还是成了西班牙和印度的国王;随着事态的逐渐发展,这个家族的统治甚至扩展到意大利的一部分。

在各种巨大的危险中,人们大可放心地信赖这位天才,他还一直保护着欧洲免受任何单方面的强力趋向的统治,还一直使每一种来自一方的压力被另一方所抵抗,而在此期间,几十年来这种集体的联系变得越来越紧密,它幸运地拯救了普遍的自由与分立。由于法国的优势在于其武装力量,在于其内部实力,那么真要对付它,就只有通过这样一种途径,即与它相对的是另外一些内部统一的、力量独立的和举足轻重的国家,它们或者强者归来,或者新贵崛起。让我们粗略地概览一下,这些是如何发生的。

英国 奥地利 俄国

首先英国崛起,让人感受到它的实力。我们看到,这一点迄今为止是由此而遭到遏制和挫败的,即路易十四世同时周旋于查理二世和议会之间,并懂得为了他的目的时而支持这方时而支持那方。但是,路易与雅各布二世(Jakob II,即詹姆斯二世)的关系比与查理二世亲密得多。如果没有其他变故,那么他们已然统一了他们的宗教思想,拥有共同的信仰。詹姆斯二世如此明显地偏向天主教这一点,受到某位残酷迫害新教徒的诸侯的欢迎。路易大加赞赏,而英国公使言不能详的是,当詹姆斯二世迈出决定性的一步而囚禁了那些主教时，他是何等心甘情愿地主动提供每一项尽可能的援助。然而正是这一点导致了所有大众，以及由于英国教会遭到攻击，即使是贵族势力都同时反对他们的国王和法国人。这是一次宗教的、民族的和为受到威胁的欧洲利益而进行的运动，它挫败了斯图亚特王朝。正是威廉三世领导了这一运动，他是迄今为止所有反法行动的灵魂。这位新国王和他的议会自此建立了唯一的政党。他们之间可能存在争论，甚至是激烈的争论；但是长此下去，在主要事情上他们不会再产生纠纷，尤其是他们共同遭到的反对是如此的强大。那些迄今为止陷入极端的政党，为了从相反观点出发进行相互攻击，而被要求在圈子中进行面对面的较量，在这里，他们自然也相互争吵，然而同时又相互协调，在这里，他们的矛盾成为宪法活跃的酵素。我们把这种状况同法国的状况进行比较并非没有趣味。它们的确有很多共同之处。在法国同在英国一样，贵族家族拥有武装；这些贵族和那些贵族一样都享有排除异己的权力；他们都由于宗教信仰的不同而分成两派，一派信仰天主教，另一派信仰新教。然而，在以下方面存在着最大的区别。在法国，一切都是统一的，即从属于和依赖于一个高度发展但却道德败坏的宫廷；在英国则存在一种巨大的博弈，即在某一限定的圈子内两个差不多用相同力量武装起来的政党之间有一场政治竞赛。在法国，虽然存在并非非暴力培植起来的虔诚，只是没多久就骤变成其明显的对立面；在英国，则形成一种也许受限制的、全部男性都自我意识到的宗教信仰，它克服了敌对因素。法国人为虚伪的野心流血而死；英国人血脉中充满着青春的力量，宛如英国民族力量的洪流现在才从崇山峻岭中奔涌而出，它迄今虽然水深河满，却拥挤在狭窄的河床，一朝汹涌进入广阔的平原，就可以骄傲威严地主宰它，眼见它载舟荷舰，沿河岸建立起世界大都市。一直以来是国王与议会之间爆发争论最多的财政预算权，现在毋宁说开始成为他们之间的联系。查理二世在执政的四分之一世纪里，全部收入总共有4300万镑。威廉在30年内收进7200万镑，然而从那时起，这些收入的提高是多么巨大啊！它们之所以提高，正是因为它们是自愿的，因为人们看到，他们的收益不是为少数宫廷侍臣的奢侈享乐服务的，而是为公共需求服务的。当时英国海军的优势已无可置疑。1678年皇家舰队的繁盛显现出来。[①] 包括火攻船在内，它共有战船83艘，船员18323人。与此相比，1701年12月，不算火攻船和较小的交通工具，它拥有一至六级舰船184艘，船员53921人。如人们所认为的那样，如果邮政收益一定程度分给了国内交通，那么我们必须说，即使这一收益的提高也是非常之大的。据说1660年的邮政收益是12000镑，而1699年是90504英镑。当时人们就立即察觉到，西班牙王位继承战的真正动机是一种担忧，即法国和西班牙联合起来，想重新从英国人和荷兰人手里夺取西印度洋的交通运输。此外，即使最后缔结的和平[②]应受到指责，辉格党非常强烈地表达了对这一和平的责难，它也确实消除了

---

① 详细列举出自塞缪尔·佩皮斯（Samuel Pepys）的 "*Memoirs relating to the State of the Royal Navy of England, for ten years determined, December 1688*", 1690, 以及赫维（F. Hervey）的 "*Geschichte der englischen Schiffahrt*"（"*The naval history of Great Britain...to...1779. Describing particularly the glorious achievements in the last war*", 5 v., 1779.), p.111, 317 der Üb。

② 1713年4月11日，以法国为一方和以英国、荷兰、萨伏伊、普鲁士和葡萄牙为另一方签定的一系列《乌得勒支条约》。

这种恐惧。没有什么比英国人宣称占有直布罗陀海峡，更能显示其对于波旁王朝力量的优势。从现在起，他们甚至通过条约把连接西班牙殖民地的最好交通要道占为己有，在此期间，自己的殖民地则以巨大的进展扩大着。像巴达维亚（Batavia）在加尔各答（Kalkutta）面前一样，从此荷兰旧日的海洋光辉在英国的光辉面前消失了，而弗里德里希二世已经感觉到，荷兰追随邻国就像一只小船追随一艘舰船一样。同汉诺威的联合，增加了一种新的、大陆的、同样反法的利益。在这场伟大的运动中，英国文学首先提升到足以影响欧洲的水平，并且开始同法国文学竞争。自然科学研究和哲学，无论是在这一方向上还是在另一方向上，都产生了具有独创性的新世界观，在这种世界观中，那种超越世界的思想自我表达并自我反映。如果说这个时代完美的、在形式上不朽的诗歌或艺术作品的创造归功于英国人，那未免言过其实，然而，当时他们的确有了不起的天才，而且他们早就至少拥有一位伟大的诗人，他的作品——其本身的魅力对所有的时代都是可理解和有影响的——现在才为欧洲所认识。假如他们没有曾经鄙弃法国的形式，那么人们现在就会从最杰出的法国人身上看到他们的精神和知识的影响。

路易十四世就是这样对付那个竞争对手的，他曾经希望通过政治或者宗教的影响成为竞争对手的主子，变得比任何一个人所能够期望的都更强大、更了不起和更危险。所有海上的关系，所有西欧的情形都因此从根本上被改变了。

然而，与此同时东方也发生了变革。我不能同意这样的看法，即从我们看待它的意义上来说，德意志的奥地利应被称为一种旧的势力。在中世纪，没有皇帝统治的话，它就只拥有很少的发言权。然后，它被西班牙君主政体裹挟着一同前进，并被置于阴影之下；16世纪末，它由于在其不同地区的宗教冲突和等级世袭权利而被剥夺了所有的外交声望；在三十年战争开始时，德意志军队不得不重新占领皇帝的世袭领地。但是，即使华伦斯坦（Wallenstein）的行动计划为斐迪南二世增加的光彩，也只是暂时的，而且它们并没有产生多么巨大的反作用！从那时起，奥地利各省的首府多少次受到瑞典军队的威胁！但是，正是在那时，奥地利王朝通过消灭对手，提拔追随者，最终巩固天主教，成功地建立起在国内的永久政权。这是它在近代赢得声誉的第一步。不过，奥地利对匈牙利的重新占领，才使它成为欧洲独立的重要的强国。只要奥芬（Ofen）还在土耳其人手里，法国人就能够威胁奥地利，并且是极大的威胁，他们随心所欲地利用对咨议会的影响。如果说1683年的卡拉·穆斯塔法（Kara Mustapha）远征也不是他们促成的，那么他们对此事也是心知肚明的。他们在此处的意图不是要毁灭德意志或基督教世界，他们没有到这种程度；但是，他们想拿下维也纳，甚至想让土耳其人推进至莱茵河岸。然后，路易十四世就作为基督教世界的唯一保护伞而闻名于世。在必定产生这样一场运动的混乱中，他可以支配德意志的这顶王冠，而且，只要他愿意，就可将它据为己有。

在维也纳城下，这一计划落空了。这是土耳其人最后的巨大努力，由于他们把自己的所有力量极其过度地耗费在这上面，所以这种努力就更加有害地反作用到他们身上。从此之后，正如一位意大利人所说的，德意志战斗部队"像一道强大得穿不透的城墙"向前推进，在这支部队面前，土耳其的杂乱部队处处都在后退。（伊斯兰教）法典说明官的判决（Fetwa des Mufti）① 徒劳地宣告，奥芬是帝国的关键地方，对这个位置的保卫是一种信仰义务，但却战败了。整个匈牙利遭到重新占领，并成为了世袭王国。不满的人屈服了。为了从此以后对抗土耳其人而捍卫匈牙利，一支信奉希腊－天主教的塞尔维亚人进入了下匈牙利的境内。从那时起，奥地利就有了完全不同于过去的另一个基础。否则，在匈牙利的一切战争就都由德意志军队来进行了，人们说，那里的所有河流都染上了德意志人的血；现在，匈牙利人在德意志战争中都显示出作为奥地利军队的核心。现在法国的外交手腕已不再可能动辄把土耳其人召到君主国的心脏来，它只是偶尔在心存不满的人那里找到支持和帮助。终于所有一切都平静了。从此，正是在迄今对他危害最甚的那个省份上，皇帝建立起了他的强权。

显而易见，这个稳定的、富有的、武装精良的、令土耳其人又恼又怕的政权的巩固，必然会在东欧局势中引起变化。

路易十四世至少还经历了另一种变化的开始。

波兰的形势使得他轻易地在这个国家一直有一个支持他的党派，瑞典政权，由于出身的渊源和旧有的结盟，至少在通常情况下是同他捆绑在一起的，这些给了他在北方不用大费周折就可得到的明确优势。卡尔十二世（Karl II）在这件事上没有作出什么改变。如他对他的首相所说的，他的第一批决定中的一个决定就是，"绝对要与法

---

① 伊斯兰最高的法学者的鉴定，同它相称的是按照宗教戒律的绝对法律效力。

国缔结同盟，并成为它的朋友"。确实如此，西班牙王位继承战和之后几乎同时开始的北方战争①，它们没有经过预谋的、谈判的联系，尽管人们常常这样揣测。但是，瑞典成功的行动有益于法国人。实际上，这些事情都具有同样的趋势。如果说西班牙的王位继承应有利于把南欧交到波旁王朝手里的话，那么波旁王朝的盟友瑞典，则正要把在北方的统治权完全占为己有。在卡尔十二世突袭丹麦人并迫使其签订和约之后，在他占领波兰并在那儿安置一个国王之后，在他横扫半个德意志——它在东部的设防并不比西部好多少——并一度拥有萨克森之后，为了巩固他的最高统治权，他除了完全消灭曾被他打败过的沙皇之外，就无所事事了。为此，他在萨克森招募了一支年轻的军队。在这期间沙皇以巨大的努力做好了准备。1709年发生了决定性的战斗②。他们又一次对峙，这两位北欧英雄，卡尔十二世③和彼得一世（Peter I），原本出身于日耳曼民族和斯拉夫民族。这是一场值得纪念的对抗。这位日耳曼人，拥有伟大的思想，单纯朴素，生活作风毫无污点，完全是一位英雄，说话真诚，做事果敢，敬畏上帝，顽强固执，毫不动摇。这位斯拉夫人，既和善又残酷，极其灵敏又近乎野蛮，但是拥有精力充沛、渴望学习的本性，以全部热情专心致志于欧洲各民族的进步，有着伟大的构思，并不知疲倦地予以贯彻实施。看到两位伟人之间的较量，这是一种

---

① 兰克对此引用了 Guilleaume Lamberty (1660—1742), "Mémoires pour servir à l'histoire du dix-huitieme Siècle", La Haye 1724–1734, 12 vol., Ⅳ, 291。
② 指 1709 年 6 月 27 日的普尔塔瓦（Pultawa）战役。
③ Effigies corporis et animi Caroli Ⅻ Sueciae regis a Polono nobili descripta，在 Lamberty 著作第 Ⅳ 卷第 436 页，讲得很直观且富有启发性。

不凡的景象。人们可能会怀疑，哪一个更优秀；可以肯定的是，更伟大的未来是同沙皇的成就紧密联系在一起的。卡尔很少考虑自己民族的真正利益，而彼得却把亲自筹备并开启的教育事业同他本人联系在一起，并给予了最重要的关注。他在这场战斗中取得了胜利。在他向他的人民发出的普尔塔瓦战役报告中，他在附言中补充道："由此奠定了圣彼得堡的基础。"这是他的国家和他的政治整个大厦的基础。从此俄国开始在北方制定规则。如果有人以为，为此需要一个长时期的进展，那就错了，倒不如说立竿见影。波兰的奥古斯特二世（August II）把他的统治的确立完全归功于俄国人的武器，他怎么能摆脱他们的影响呢？此外，他还不得不在内部的纠纷中，在同贵族的斗争中，再次需要他们的帮助。经此，彼得一世在波兰成为直接的仲裁人，强大得居于两派之上；由于波兰人裁减了四分之三的军队，而他自己的军队变得越来越多、越来越训练有素、越来越厉害，他就变得更加强大有力了。一位威尼斯人[①]在1717年说道，一向接受波兰人法律的沙皇现在按照自己的个人意愿，用无限制的权威为波兰人制定法律。从此，法国人必然地渐渐失去在波兰的影响，他们不能再推送他们的王位候选人，即使贵族站在他们这边。而瑞典经过这些事件，遭到削弱进而衰败了。路易十四世在其最后的日子里，还为王权保住了其所有的领地，但它最终依然丧失了这些领地的重要部分。法国人当然声称他们在斯德哥尔摩的影响力。1756年的时候那里的人们还抱怨，瑞典像法国的一个省一样被

---

① 兰克在这里从由他使用的威尼斯报告集中，引用了"Relatione di Daniel Dolfin"。

人从巴黎统治着。然而,如前所述,瑞典已变得完全不重要了。那无非是些受人影响的便帽与礼帽①之间微不足道的内部纠纷。如果说有人几次利用这些纷争,以引起反对俄国的战争,那倒不如说这是有弊无利的,人们只是为这个帝国提供了新的获胜和扩张的机会。

这样,北欧就处于与法国的直接统治完全不同的另一种统治之下;在那里,一个伟大的民族进入一种新的,即一种真正欧洲的发展。在东欧,法国的影响虽然没有消失,但它在那里——尽管奥地利在查理六世(Karl Ⅵ)的统治下已变得衰弱不堪——却早已不再具有旧时的意义了。海洋落入英国之手,英国根据自己的方便,容忍或者中断法国经过加的斯同西班牙的美洲殖民地之间建立起来的有利可图的联系。

相反在南欧,由于与波旁王朝的天然关系,在短暂中断之后,南欧被纳入共同计划中,它一直到有共同计划才恢复起来。在德意志,法国一直拥有巨大的优势。

最重要的是在德意志。

现在有对1736年欧洲政治状况的一些考察②,这些考察很有见地,简要地向我们描述了奥地利王位继承战争之前不久的一段时间里尤其是德意志的事情。如果作者承认,查理六世皇帝力图扩展他在帝国内的权力,力图使宪法更符合君主制一些,这位皇帝甚至通

---

① 所谓自由时代(1718—1772)的瑞典贵族党,在政府中几经更迭。
② Considérations sur l'état présent du corps politique de l'Europe. 1736. *Oeuvres posthumes de Fréderic Ⅱ*, tom. Ⅵ, p.1-52; Werke Ⅰ, S. 226 f. 兰克在其引文中一直援引 *Oeuvres posthumes de Fréderic Ⅱ*,它于1788年在柏林由 Voß & Decker 出版社出版。兰克的引文中加入了弗里德里希的著作德文版(柏林1913年)。

过他与当时已经出现在莱茵河边的俄国人的联系，采取了违背他的投降条约中某些条款的行动，那么他就认为在这方面的危险没有多大；他认为，那场最后的战争暴露了皇帝宫廷的虚弱；在这位皇帝企图实施他的计划所使用的自负和暴力中，就包含着对付的办法。他号召说："我们要更加小心那些企图通过阴谋诡计，通过谄媚的矫揉造作和虚假的善意使我们遭受奴役的人。"他认为，当时法国的首相红衣主教弗勒里（Fleury），虽然他的表情异常不悦——尽管如此，而且正是在这种外表下，仍追踪着黎塞留（Richelieu）和玛萨林（Mazarin）的计划。由于看起来高尚，他使邻国麻痹了；他似乎在为了他的宫廷政治而出借他的温和与冷静的性格。他多么聪明地、悄无声息地有意使洛林（Lothringen）并入法国；为了占领人们所期望的必争之地莱茵河边界，他但求皇帝的死亡必定引起的混乱。

1740年查理六世去世。红衣主教弗勒里甚至让自己迈出了比人们所相信的更大胆的步伐。他直接说，他不想让玛丽亚·特蕾莎（Maria Theresia）的丈夫成为她父亲的继任者，因为此人对法国不怀善意；正是他为巴伐利亚的卡尔七世（Karl VII）谋得德意志王冠；他的计划是在德意志建立四个并立的、拥有差不多权力的国家：几乎把奥地利王室限制在匈牙利，使波希米亚人依附于巴伐利亚，使梅伦（Mähren）和上西里西亚投靠萨克森，用下西里西亚让普鲁士满意。这样一来，法国多么轻易地就维持了对这四个本质上从未相互理解过的国家的永久霸权！

普鲁士

当时,德意志这片土地上既没有强大的国家,也没有行为出类拔萃的伟人,没有非常坚定的民族感情,也没有能够同各邻国的优势相对抗的文学、艺术和自我教化,在这样的一种危难时刻,弗里德里希二世(Friedrich Ⅱ)①登上了历史舞台,振兴了普鲁士。

此处我们不是要描写这位君王和他所获得并建设的国家,我们也不想对彼此的原有力量以及由此而展现出的种种生存现状妄加评述,我们只是试图回忆一下它们的世界地位。

那么我们必须承认,弗里德里希二世的第一场运动受到法国政策在查理六世死后即选取的路线的支持。不过他就该继续与之为伍吗?正是这位储君,在还没有执政之时,就拟定了我正好试图为之提供观点的那些考察——如人们所见,这些考察完全是针对法国政策的。来自这方面的悬在德意志头上的危险,他看得清清楚楚,并极其强烈地感受到。正是因为这样,他一手策划了战争,他绝不要他的武装成果使法国人受益。他极其严肃地向他们的公使②声明,他是一位德意志的君主,他将不容许他们的军队待在德意志土地上的时

---

① 关于弗里德里希二世,参看兰克关于弗里德里希研究的论文《弗里德里希二世:普鲁士的国王》,ADB(《德意志人物志》),第7卷;《普鲁士史十二书》,第10—12册(至奥地利王位继承战争结束);《七年战争的起源》,SW(西南德出版社),第30卷,第61页;《德意志各国和诸侯联盟,1780—1790年的德国史》,SW,第31—32卷。
② 亨利·瓦洛里(Henri Valori, 1686—1774)是法国 1739—1749 年驻弗里德里希宫廷的公使。他的札记《关于瓦洛里侯爵谈判的回顾》(*Mémoires des négociations du marquis de Valori*)于 1820 年在巴黎出版。

间比条约规定的长。1741年秋，完全打败奥地利似乎不是那么不可能的了。波希米亚和上奥地利也在敌人的手里，情况不比西里西亚强多少；维也纳像布拉格一样受到威胁。如果竭尽全力继续这样的进攻，谁能说会发生什么呢？我不想把弗里德里希二世回避这最后一举看作是慷慨大度，他最懂得，干掉老对手法国对他无益。当他看到匈牙利女王处于毁灭的边缘时，他想让她喘口气。他自己说过这件事①，他有意地按兵不动。他的意图是，既不依赖法国也不依赖奥地利。他想感觉到完全的自由，并在他们之间占据一种独立的、依靠自己的力量建立起来的地位。这一简单的企图蕴含了对西里西亚战争期间他的政策的解释。从来没有人像他那样用嫉妒的警惕来维持他所获得的。他对朋友的不信任不少于对敌人的不信任；他始终认为自己是武装完备和善于抗击的。只要他认为自己处于不利的境地，只要他看到即使是来自远处的危险，他就会拿起武器；一旦他处于有利地位，一旦他取得战争胜利，就会伸出和平之手。不言而喻，想让他为了他人的利益而付出，谈何容易，他的眼中只有自己的利益，不骄不馁；他从不好高骛远，但却持之以恒。

然而，这一出人意料的腾飞与独立——它的姿态是勇敢而无畏的——只会激起邻国的不快和敌视。

玛丽亚·特蕾莎还没有从丢失一个富裕省份的伤痛中解脱，又沮

---

① "此外，应该承认，如果国王过于热衷于法国军队的作用，那么，军队的过多的财富会左右他，他会成为受同盟者支配的人，他们会引诱他超越其视野，使他被迫赞同法国的一切意志，除非他能够抵制这些意志或能够找到可以帮助他的同盟者以摆脱这种野蛮。因此，出于谨慎国王似乎应采取一种温和的行动，用这样的行动在奥地利政府和波旁王朝之间确立一种平衡。匈牙利女王正处在不幸之中，休战使其获得了喘息的机会。"

丧地眼看着一个幸运精明的对手在帝国中崛起,此时人们就会理解这一点了。不过,普鲁士的威望也大大影响着北欧的体系。一篇声称普鲁士在北欧同瑞典和法国达到均势①的无辜论文,就令他激起了几个俄国部长——他们认为他们在北欧的最高统治地位受到威胁——的全部仇恨。按理说这位国王本应得到法国的支持。但是,他不像瑞典国王那样可以被支配,他敢于遵循自由独立的政策,这种情形导致凡尔赛宫廷也对他不满。尽管这个宫廷十分清楚地看到会有怎样的结果,但它仍决定改变它的一贯方式,从此同奥地利结交。尤其是法国的这种推波助澜,使得公众舆论亦对这篇文章深以为然。因此,这位女君主就成功地把两个陆地大国同自己联合起来。位于萨克森和波莫瑞(Pommern)的这些弱小邻国,都同他们为伍。在书籍的记载中,这个同盟与在查理六世死后所缔结的那个反奥地利同盟没多少不同,而且通过俄国的加入甚至更加强大。人们谈论普鲁士国家的分裂,不少于过去谈论奥地利国家的分裂,而且只有在海外,弗里德里希二世才找到盟友——那些当初同奥地利结交的盟友。

尽管他拥有新获得的权力,但相当有限,同那个联盟相比无足轻重,那么,他有能力甚至敢于同俄国进行这场战争吗?

众所周知,他曾请求维也纳宫廷对其军备作出明确声明。他对他的一位部长说:"只要他们的声明多少能够差强人意,我们就不进军。"所期盼的信使终于来了。答复远不尽如人意。于是他说:"局

---

① *Histoire de la guerre de sept ans* I, 44; Werke III, S. 21.

势已定,明天我们进军!"①

就这样,他勇敢地卷入这一危险之中。他自己寻求并招致了这一危险,然而身处危险之中,他才充分认识了它。

如果说曾经某个事件是由某个伟人造成的,那么七年战争就是这样一个事件。我们时代的诸多战争,常常通过很少几场具有决定意义的战役而结束。过去的战争持续得久一些,人们更多是为要求与权力而争,而不是为臣民的数量,或为国家本身的存在与灭亡而战。七年战争的不同之处在于,在如此长的时间里,普鲁士的生存每时每刻都处于危险之中。在普遍敌视的情形下,招致这种(覆灭的)后果只需一朝一夕。弗里德里希自己完全感觉到这一点。他在科林(Kolin)战败后大声宣告:"这是我们的普尔塔瓦!"对他来说,尽管这句话所幸没有成为事实,但事实是他从此每时每刻受到覆灭的威胁。

在一种如此绝望的形势下,我不想涉及他的军事天才、他的军队的勇敢、他的臣民的忠诚,抑或是偶然的情形,给予了他的帮助。重要的是,他在道义上保持着正直。

法国哲学只是把他引向轻浮的思想、粗浅的诗作、学术性的论文;它似乎引导着他,与其说是只要活着就享受生活,不如说是只要活着就努力奋斗。然而,我们可以说,真正的天才人物本身是不会受到谬误学说损害的。他自有一定之规,他安于自己的真理,真理必然使他觉悟;还有生活,还有做大事的努力,亦使然;不幸使

---

① 我还想对此特别指出向我提供消息的权威人士:瓦洛里(*Mémoires* I, 308)。

得他成熟。

长久以来，弗里德里希二世就是一位伟大的统帅，他所遭遇的各种事故使他成为英雄。他作出的抵抗，不仅仅是军事上的，同时也是一种内心的、道德的、精神的抵抗。这位国王一边继续着这场战争，一边思考着事物的最终成因，对世间万物的过往有着非凡见解。

我不想把他的诗歌作为诗意力量的杰出作品来赞扬，就这一方面而言，它们可能带有某些缺点。但至少在这次战争浮沉期间产生的那些作品，具有一些朴素思想的辉煌光彩，它们向我们披露了一个伟人在困境中、在战斗中、在危险中的内心活动。他说，他看见自己"处在波涛汹涌的大海之中，闪电划过暴风骤雨，雷声在我的头顶炸响，我被礁石险滩环绕，掌舵人的心脏都吓得停滞了，幸运的源泉干涸了，棕榈树消失了，月桂树凋谢了"。有时，他也许在布尔达卢①的信徒中找到支撑，获得力量；更多的是，他求助于古人的哲学。但是，他曾多次研究过的卢克莱修（Lukrez）的第三部书，该书仅仅告诉他，祸患是不可避免的，而且不可能有什么对付手段。他是这样一位伟人，能够从这样一种冷漠无情、完全绝望的学说中产生出超越的思想。他也用一种不同的方式大胆地正视他常常希望在战场上看到的死亡。像他喜欢把他的敌人们同古罗马三巨头相比一样，他呼唤着加图（Kato）和布鲁图斯（Brutus）的亡灵，并决心追随这些榜样。不过，他的情况并不完全与这些罗马人相同。他

---

① 路易·布尔达卢（Louis Bourdaloue，1632—1704），法国耶稣会士，从1669年起，在路易十四世皇宫里担任"国王的传教士"。他的著作全集于1823年在巴黎出版。

们卷进了一种共同世界命运的进程中——罗马就是世界，除了他们个人和他们为之相互争斗的理念的意义之外别无所托；而弗里德里希二世却有一个自己的祖国去代表和捍卫。如果说有某一种特殊的思想对他起了作用，那么我们可以说，它就是关于他的国家、他的祖国的思想。有谁向我们描述了在库勒斯道夫（Kunersdorf）战役之后，他如何估量他的不幸与他的绝望境况，在他的敌人们的仇恨和幸运中，他如何认为自己失去了一切，然后，他又如何为了他的军队和国家只看到一条唯一的出路，并决心把握住这一出路，为此而献身①，直至他又逐渐有了机会进行一次新的反抗，并重新献身于这种几乎毫无希望的责任。他早就认识到，他绝不能弃他的国家于不顾，"被敌人侵占，剥夺尊严，孤立无援，岌岌可危"。他说："我要把我不幸的余生献给你，我不想在徒劳的忧虑中消磨自己。我要重新投入危险的战场。"他对他的军队大声地喊道："我们要与命运抗争、迎难而上；勇敢地反抗众多相互密谋、傲慢放肆、自我陶醉的敌人！"②他就这样一直坚持了下来。终于他迎来了和平的那一天。他在这场战争历程终结的时候说道："只要坚定不移，就能够扶危定倾。"他保全了自己的国家，而从他意识到自己重新成为这个国家的主人的时刻起，他唯一关心的，就是治愈战争留给他的创伤。

如果说有一个国家，在对抗其他所有国家的情况下，不得不凭一

---

① 《芬克将军的教诲》，在 I. D. E. Preuß《弗里德里希二世：一部生活史》，5 卷本，柏林：1832 年及之后，第 2 卷，第 215 页，也许是特别的文件，它包括在《奇观》这一辑中：也付印了，见著作，第Ⅳ卷，第 190 页及以下。

② Epitre au Marquis d'Argens 8. Nov. 1761. Ode aux Germains 29. Mai 1760. *Oeuvres posthumes* Ⅶ, S. 125; Werke, X, S. 170.

己之力,坚持到底,从而能够树立起大国的观念,那么弗里德里希二世就把普鲁士抬高到这样一个级别。自神圣罗马帝国萨克森王朝的皇帝和狮子亨利的时代以来,人们第一次看到了北德意志邦国中出现了一个自主的、不需要结盟的、独立的强国。

随之发生的是,法国此后在对德事务中的影响力降到微乎其微。它在奥地利王位继承战争中曾经激发或助长的一种对抗状态,完全结束了。在普鲁士自我解放时,巴伐利亚和萨克森就重新与奥地利交好。

这种关系并没有很快得到改善:法国本身通过同奥地利结成密切的同盟而导致了七年战争①,这阻止了关系的改善。我不想考察这个同盟产生了如此种种其他后果,至少并无夸张地说,法国人将它们归咎于此;然而肯定的是,法国由此自己放弃了迄今助长对德意志的对抗态度,如彼所说,"从这一时刻起,普鲁士国王由法国在欧洲大陆至高地位②的不利因素转变成为德意志自由的保卫者"。人们还不相信,奥地利允许了法国人施加他们旧有的影响。在约瑟夫二世(Joseph II)还是联合执政者的时候,从一开始他就声明,他把皇帝的权力视为神圣不可侵犯的,并且他坚决要求,如果谁想同他友好相处,那就不要触动它。当时人们就已经认识到,对德意志政治独立的真正保卫在于,这两个大国保持自由并建立起牢固的联合以对

---

① 1756年1月16日英国和普鲁士签订了《威斯敏斯特条约》以后,法国于1756年5月1日同奥地利缔结了一个在欧洲推翻迄今体系的防守同盟,这一同盟于1757年5月1日扩大为一个进攻同盟。对此也可参见兰克的著作《七年战争的起源》,SW,第30卷,第61页。

② Tableau politique de l'Europe ch. VI, bei J. Louis Soulavie (1797–1833), "*Mémoires historiques et politiques du regne Louis XIV*". Tom. III, P. 289, Paris 1802.

抗外国。然而，这一重大变化，只是由于以下一点才获得了充分的意义，即同样在文学上发生了民族解放，摆脱法国模式和对它的错误模仿。我不想说，我们的民族至今也未拥有一定程度的精神独立性。这种精神独立性至多存在于神学体系的形成中，神学体系曾攫住了所有人的心灵，而且基本上它是原始的德意志的。可是，它只是它所属民族的一部分。此后，这里对宗教的纯粹的、理想的、内心的认识，是何等禁锢于经院哲学的形式之中啊！我们不可否认它在其他科学中的作为和部分成就，但是其他科学也必须屈服于同一种形式——它们在复杂的学说体系中传播着，适合照本宣科，却不适合精神上的领会贯通，各大学并非没有限制和约束地控制着通识教育。这样更易于出现，社会的各上层阶级渐渐更少接触本民族的教育，那么可想而知，他们会被法国的发展方向驱使。不过，从19世纪中期以来，民族精神的某种新的发展开始了。我们不可以忘记，这种发展的确是从那种立场出发的，尽管它们处在某种相互对立之中。虽然德意志精神仍受到束缚，却不再如此受限于教条体系，尽管不尽如人意却也兴盛起来，对这一体系做了诗意的充实；决定一切的宗教终于再一次地、不带有宗教狂热地接近人类的情感。在果敢的尝试中，哲学振作起来，对一切知识最根本的基础进行新的探讨。同时同地并存，本质不同，却同根同源，德国哲学的两个流派这样显露于世，它们一个更多是观察性的，另一个更多是检验性的，自此它们互相造就彼此，相互吸引，相互排斥，不过只有在一起，它们才表达出创造性的思想意识之丰富。考证学与古典学突破学术的壁垒，发表活跃的观点。犹如醍醐灌顶，借助其缜密与成熟，民族精神自发自由地尝试发展了诗的文学，通过这种文学，民族精神培养出了一种广博的、崭新的、尽管内部还存在颇多矛盾然而整体上协调一致的世界观，且自我面对审视。这种文学从而有着不可估量的特性，它不再局限于民族的一部分，而是包括全部，其实它是为了民族的统一有意而为。如果每一个新时代的伟大诗人并非总是追随前人，那么不必对此太过惊奇。伟大的尝试都做过了，而且成功了；基本上要讲的东西，都讲过了，而真正的伟人不屑于走他人走过的坦途。但是，这位德国天才的事业还远未圆满完成。他的任务是，深入研究实证科学。其间各种各样的障碍同他对立，这些障碍来自他自己的教化过程，或者还来自其他的种种影响。现在我们可以期望，他会克服所有的障碍，在自身内在达到一种更加彻底的理解，随后有能力进行不断的新创作。

不过我想就此告一段落，因为我想谈一下政治，既然这些事情密不可分，而且真正的政治只能由伟大民族的存在来承载。可以肯定的是，没有其他的人物像弗里德里希二世的生命和荣誉那样，对伴随英才们这种奋发的自信心，做出了这样多的贡献。一个民族要想自由发展的话，它就得感觉自己是独立自主的，而如果没有重要的史学要素所做的准备，就不会有文学的繁荣。然而奇特的是，弗里德里希二世本人对此一无所知，几乎没有一点预料。他致力于民族的解放，德意志的文学于是与他一道努力，但是，弗里德里希二世不了解他的同盟者，他们却很了解弗里德里希二世。令德意志人骄傲和勇敢的是，他们之中产生了一位英雄。

如我们所见，遏制法国是17世纪的一种需要。这在当时是众望所归啊！从根本上不能说，一种人为的复杂的政治制度体系至此已经形成。人们所称的不过是些形式，本质在于，列强凭自己的力量崛起，新的民族独立性以原初的力量占据了世界舞台。奥地利是一个自我封闭的世界，它是德意志-天主教的、军事力量强大的、充满着鲜活和不可战胜的生命力的。希腊-斯拉夫原则在俄国显得比它在世界历史上任何时候都要强有力，它所采用的欧洲形式，远远没有压倒它原初的元素，而是渗入其中，使它富有生气，并且唤起它的力量。如果说，日耳曼-海洋的利益后来使英国发展成为一个庞大的、控制所有海洋的世界强国，令先前的海洋强国的所有记忆都黯然失色，那么，德意志-新教的利益找到了它们长期寻求的支撑，它们在普鲁士得以充分展现。一位诗人说道："即使人们知道这个秘密，谁又有勇气把它说出来呢？"我不敢妄言这些国家的特性，但是，我们清楚地看到，它们是建立在从过去几个世纪各种不同的宏大发展中产生出来的一些原则基础之上的，与这些发展相类似，它们有原初的差别，并且形成了不同的宪法，它们符合根据事物的本质在每一代都会出现的重大挑战。在没有内部关系的多种改造就不能实现的兴起与发展中，爆发了法国大革命这件百年大事。

法国大革命

如果说哪个事件对自己本身具有毋庸置疑的重要意义，那么不可否认，实现了对法国的约束就是这个事件，法国当然就把其他国家的成功看作是它的损失。法国还总是同它们针锋相对。法国过去多次试图支持奥地利在匈牙利的扩张以对抗土耳其人，而那些最精锐的军团必须从与土耳其人对抗的多瑙河被召回到莱茵河以抵抗法国人！俄国赢取了法国在北方的政治影响力。当凡尔赛的内阁觉察到普鲁士人在世界上占据了何种地位并试图保持它的时候，法国忘记了自己在美洲的利益，我说的不是为了削弱而是为了直接消灭普鲁士这股力量。法国人还曾多次扶植詹姆斯党人，为的是在英国培育斯图亚特王朝，重修往日的关系！这样一来他们还可以与普鲁士一道对抗奥地利，或者与奥地利一道对抗普鲁士，反正都把英国人作为对手。他们把失败的陆地战争引到海上。如查塔姆①所说，在七年战争期间，他们把美洲输给了德意志。

这样，法国当然不再像100年前那样，作为欧洲世界有决定性的中心。在没有被问及一声的情况下，它不得不眼睁睁地看着波兰分裂。令它感触颇深的是，1772年它不得不允许一艘英国军舰出现在土伦的停泊港，为的是监护解除舰队武装的达成。即使是对像葡萄牙、瑞士这样的独立小国家，法国也能够产生不一样的影响。

不过我们应该立即发觉，事情并不像人们常常想象的那样严重。法国还是保持着它对土耳其的旧影响；通过波旁家族盟约②，它把西班牙与自己的政治紧紧地绑在一起，西班牙舰队和西班牙殖民地的

---

① 老威廉·皮特（William Pitt，1708—1778），第一代查塔姆伯爵，英国政治家，1756年至1761年10月（有短暂的中断）作为外交部的国务大臣，是英国政治的实际领导者。他为了在北美争夺殖民地的斗争中放开手脚，支持弗里德里希二世在七年战争中反对法国。
② 在于1761年8月15日在巴黎缔结的第二个波旁家族盟约中，法国和西班牙答应相互友好和相互支持。在一个秘密的补充协议中，西班牙承诺在1762年5月1日之前开始反对英国的战争。

财富都受它支配；还有波旁王朝的残余势力（算上都灵人）与法国为伍；在瑞典，亲法派别最终取胜。只是这些对一个比其他任何民族都更喜欢处在优越性的光环之中的民族来说是远远不够的。它只感到它视为权利的那些要求的丧失；它只注意到别国征服的东西，而不注意它保有的东西；它愤懑地面对自己无法匹敌的如此强大、坚实、根基稳固的强权。

人们反复谈论法国大革命的原因，并且按图索骥，却徒劳无功。据我看，最重要的原因之一，就在于外交关系的这种变化，它使得政府声名狼藉。这是真的，政府既不知道正确地治理国家，也不懂得恰当地领导战争；它让危险的权力泛滥；法国威望在欧洲的衰落多半源于此。不过，法国人也把这些都归咎于他们的政府，认为这只是变化了的世界地位的产物。他们生活在对路易十四世权力扩张时代的回忆中，而且他们把因此产生的结果，即一些国家充满活力地崛起并不再容忍别人曾一直施加的影响，都归因于政府外交政策的无能和自身状况不可否认的衰落。

所以就发生了法国的各种运动，即使它们一方面具有改革的特点，只是不久就转变为革命的特点，它们也从一开始就把矛头指向外国。

很快美洲战争就产生了这种双重性。不知道的人，可以从塞居尔①的回忆录中看到，在好战情绪和所谓哲学的奇特混合作用下，法

---

① 路易·菲利普·塞居尔（Louis Philipp Ségur，1753—1830），法国政治家和史学家，曾在北美独立战争中战斗过，是驻彼得斯堡和柏林的公使，从1789年起成为国会议员。1825/1826年出版了他的3卷本《回忆录》(*Mémoires ou souvenirs et anecdotes*)。

国贵族中的青年人加入其中。塞居尔说道："自由带着荣誉的魅力展现在我们面前。成熟的人利用机会推行自己的基本原则，限制权力的肆意妄为，而我们年轻人仅仅是为了进行战争，为了出类拔萃，为了赢得荣誉而站到哲学的旗帜下。骑士精神使我们成为了哲学家。"这些年轻人确实逐渐很严肃地对待这件事。多么奇特的混合啊！当他们进攻英国，并雄心勃勃地削弱它、抢夺它的殖民地的时候，他们特别想得到的东西，却是英国上议院议员的独立自主和下议院成员的庄严地位。

现在这场美洲战争的局势已经明朗。这不完全是由于普遍的力量对比的变化——因为如果有人帮英国殖民地从英国本土挣脱出来，那不久就会证明，英国有自知之明，它对此不太在意。当法国海军重新提升到拥有一定的威望，英国却在决定性的几场战役中赢得了胜利，并保持了对它的死对头的优势——这是由于胜利产生的间接效果所致。

我指的不单单是共和制倾向的高涨，还有一个更为直接的后果。

杜尔哥①十分严肃地反对战争。他希望在和平中通过节俭的经营管理来恢复当时已经出现赤字的财政状况，同时实施必要的改革。只是他不得不对年轻人的激情热潮作出让步。宣布开战，军费巨

---

① 阿内·R. J. 杜尔哥（Anne R. J. Turgot, 1727—1781），欧讷男爵，法国政治家和国民经济学家。1774年在路易十六世在位时期任财政部长，规划一个包罗万象的司法和财政改革纲领，但是1776年，当由于歉收而出现涨价时，人们把涨价归咎于他几乎还没有开始的改革，于是他被免职了。

大。内克尔①懂得运用他那银行家炉火纯青的才能进行新的借贷。然而，借贷越高，财政赤字必然增长得越大。1780年，韦尔热纳②就对国王说明，财政状况确实令人不安，它使一种持久的和平③变得必要。可是，和平还是被推迟了，只是在和平缔结之后，人们才确实感到迷惘。人们在这里也感觉到一种鲜明的对比。英国经过美洲战争也是消耗殆尽和负债累累。但是，当皮特在英国大力根除弊端，并通过大量举措重建信任之时，法国财政却从懦弱者的手中转入越来越软弱、毫无经验的鲁莽者的手中，以至于弊端逐月增多，政府的稳定受到威胁，从而威信尽失。

这对外交关系产生了多么大的影响啊！人们别无选择，必须不惜一切代价避免战争。例如，法国宁可用一笔款项买下奥地利向荷兰提出的那些要求④，尽管它处境艰难，仍自愿担负一半的款项；如果这仅仅取决于法国，那么皇帝就不会被阻止实施他对巴伐利亚的意图。纵然法国政府曾经同荷兰的所谓爱国者们如此紧密地联合在一起，它也不得不任凭普鲁士征服。我认为，关于这件事，法国政府不该受到过多谴责。正是在当时议会拒绝签署新的法令

---

① 雅克·内克尔（Jacques Necker，1732—1804），法国政治家和银行家，出生在日内瓦，是一位生于勃兰登堡的法学教授的儿子。1777—1781年，他是杜尔哥的继任者。多次被解职和重新被任命，1790年，他终于不得不到瑞士去当作家。
② 夏尔·格拉维耶（Charles Gravier，1717—1787），韦尔热纳伯爵，法国政治家，驻君士坦丁堡和斯德哥尔摩的公使，从1774年起，是路易十六世的外交部长。
③ "La paix et la paix la plus prompte"（和平和短暂的和平），摘自弗拉桑（Flassan）的书信，第Ⅶ卷，第364页。
④ 哈布斯堡皇帝于1784年8月23日在一份文件中向荷兰提出诸多要求，其中涉及斯海尔德河的开放，南荷兰到印度的自由航行和在那里调整进出口税的权力。

（Auflagen）——没有这些新的法令，就不能继续管理国家，随即在8月15日的那次著名会议上，最高议院打开门户，并向聚集起来的民众声明，国王将来在没有事先召集过普通阶层代表的情形下，不能提出新的法令，在这种情况下，当1787年7月普鲁士对荷兰宣战之时，政府会做什么来阻止其执行呢？在这样的一个时刻，整个局势悬而未决，很难对外国施加影响。这的确是一个十分重大的时刻。正是在当时，两个皇室宫廷都决定进攻土耳其。法国人没有能力给予他们过去的盟国帮助，而如果这些盟国不想灭亡的话，那么它们就必须在英国和普鲁士那里寻求帮助。

诚然，法国外交政策的无足轻重、平庸无能，既与这个国家原来的资格不相称，也不符合整个欧洲的利益。正如不可否认的那样，如果说它来源于内部的混乱，那么这种混乱就由此更加剧烈。布里耶纳大主教①的政策遭到最激烈和最普遍的谴责。他被指控胆怯和背信弃义，因为他没有支援荷兰，并且也错过了在陆上重建法国人军威的机会；人们觉得法国的荣誉受到如此这般的侮辱，以至于它只有经过血流成河才能重新洗刷干净。

不管这听起来多么夸张，人们都不能谴责造成这种不满情绪的感情。一个伟大民族的民族意识，要求在欧洲拥有适当的地位。外交关系不是建立习俗惯例，而是本质的力量。一个国家的威望将始终与其内部力量发展的程度相符合。当它发现自己没有处在它应有的

---

① 洛梅尼·德·布里耶纳（Loménie de Brienne，1727—1794），自1763年起担任大主教，1787—1788年作为路易十六世的财政部长重新采纳杜尔哥的改革计划，但是于1789年由内克尔取代。

地位时，每一个民族都会感受到这一点，更别说曾常常提出特殊要求的法兰西民族，尤其是这样一个伟大的民族！

我不想探讨造成法国大革命可怕发展的种种原因。我只想提醒，外交关系的衰落占有很大分量。人们只要想一想那位奥地利公主，不幸的王后——法兰西民族把长期以来对奥地利王室的全部仇恨发泄到她身上——在此起了怎样的作用，一个奥地利委员会①的幻影造成了多么不幸的一些场面，就清楚了。法国人不光看到，他们失去了对邻邦的旧影响，他们甚至相信，外国对他们的国家施加了秘密而强大的影响，在所有的内部管理规定中，他们认为同样觉察到这一影响。正是这一点，激起了群众的普遍不满、骚动和愤怒。

如果我们坚持这种外交关系的观点，那么我们就可以从法国大革命中得出以下见解。

为了造就更强大的国家，人们以一种不同寻常的方式把民族力量集中起来。为此，人们必须清除存在于内部关系中的许多障碍，这常常触动了那些旧特权。这种情况在各个不同的国家都有发生，时而谨小慎微，时而大刀阔斧，取得或多或少的成功。如果我们善于描述这种情况如何到处发生，或多或少取得成功，导致怎样的结果，那必定会写出一本富有教育意义的、生动的著作。终于，人们也在法国做了这件事情。人们对以前法国国王的专制权力进行了那么多的谴责。真相是，这种权力虽然还表现得有些专横，却基本上

---

① 1790—1791年，在巴黎出版了一些反对忠君主义的小册子，它们在公众眼中贬低了王权。1790年卡米耶·德穆兰（Camille Desmoulins）在这样一些文章中第一个提出，在杜伊勒里宫有一个奥地利委员会，这个委员会秘密地同奥地利进行了谈判。

极其衰弱了。当政府做那种尝试时，它已经太虚弱而无法实行下去了；它还把它交付了不可靠的人；它没法战胜特权阶级的抵抗。为此，它向第三等级求救——民主观念的力量已经开始占领公众舆论。然而，这一盟友对它来说过于强大了。当它认识到它的力量的时候，它动摇了；它背离了自己选取的道路，退回到它想要攻击的那些人那里，就只好伤害那些它曾求救的那些人；如果它挑起所有的政治狂热，那它就是同这个世纪的信念和取向，甚至是同它自己的趋势进行斗争，并引发一场运动，在这场运动中，第三等级——或者更确切地说是在这一等级中及其周围产生的不满分子——在排山倒海的向前推进中不仅推翻那些拥有特权的阶级、贵族，而且还推翻国王和王权本身，并消灭了整个旧的国家。

这样的行动加强和巩固了一些政府，虽然不是全部的政府，它就这样通过它所取得的发展，通过它所具有的后果，把法国政府拖入毁灭。

只是，如果有人认为，在这种摧枯拉朽的崩溃中法国的力量和对外重要性都必定完全崩溃，那就错了。建立旧势力的趋势是如此强大，以至于它本身在如此严重的情形下不仅没有从人们的视野中消失，而且还以从未有过的方式远远超过了其他国家的类似情况，挺了过来。如果说，别处现存的中等权力阶级的独立性是有限的，大部分被迫从事普通的工作，那么在法国简直完全被消灭了。贵族和神职人员不仅被剥夺了特权，而且在事件的过程中还被剥夺了财产——多么轰轰烈烈、大张旗鼓的一场查抄没收！欧洲曾经崇尚的祥和、人道、自由的理念，竟在自己的眼前突然逆转为破坏的暴行！

火山的火焰——人们从中期待过对大地富有营养的、富有生气的温暖——可怕地爆发出来，漫过这片大地。然而，在这样的破坏中，法国人从没有让统一的原则倒下。相对于其他欧洲国家，法国在大革命年代的混乱中，显得比过去任何时候都强大得多！我们可以说：那种所有力量的强大爆发向外蔓延开来。在新旧法国之间是这样的关系：统治旧法国的是虽然活跃并天性勇敢，但却已习惯于宫廷生活的、常常带有狭隘的虚荣心的、文雅的、放荡的贵族，而领导新法国的则是野蛮的、暴力的、缺乏思想的、沾满鲜血的雅各宾派。随着事件的进展，虽然贵族阶层已不完全同于以往的贵族阶层，但一种相似的贵族阶层仍在其他国家处于领导地位，这样，雅各宾派在所有势力的激烈紧张关系中占据了优势，也就不足为奇了。这只需要一系列意想不到的情况促成的第一次胜利，以唤醒革命的热情，这种热情进而席卷整个民族，并一度成为本民族生活的原则。

然而，我们现在不能说，法国经此基本上变得比其他大国加在一起，或者即使仅仅与其最近的邻国相比（如果它们保持联合的话），还要强大。人们充分认识到政治和进行战争的错误——这些错误对这些国家产生了如此不利的后果。但他们并不能马上消除以往的妒忌。即使1799年的单方面联盟[①]解放了意大利，并占据了一个非常强大的军事地位，它也产生了不幸的分裂。然而不可否认，法兰西国家在同欧洲的斗争中成长起来，一切从斗争出发，通过集中所有

[①] 俄国、英国、奥地利、葡萄牙、那不勒斯和土耳其之间的联合。这一联合是根据小皮特（William Pitt, 1759—1806）和沙皇保罗一世（Zar Paul I）的倡议实现的。在弗里德里希·威廉三世统治下的普鲁士保持中立。

可能的力量，会胜过各个大陆强国。虽然它看起来像人们在那里是在寻求自由，但从革命到革命，它一步一步地走向军事专制，远远超过了其他军事体系（不管它们有多么强大）的发展。那位幸运的将军为自己戴上皇冠，他有权力随时把民族的所有可供支配的力量投入战场。然后，通过这条途径，法国重新回到它的优势地位。它成功地把英国排斥于大陆之外，一再地在战争中从奥地利手中夺取德意志和意大利最古老的省份，瓦解弗里德里希二世的军队和君主政体，还迫使俄国顺从，并最终进逼其内部省份，直至它古老的首都。对法国国王来说，法国确实需要同这些强国进行斗争，为的是同时跨越南欧和中欧，包括德意志的大部分地区，建立起直接的统治。由此，路易十四世时代所发生的一切，是如何被远远地超越了啊！欧洲的旧式自由被深深折服！整个欧洲仿佛要被法国毁灭了。那种人们以往从中仅仅看到了危险遥不可及的普遍君主政体几乎就要实现了！

重　建

然而，在列强中显现出来的强大威力，难道就这样一下子遭到扼杀和消灭了吗？

赫拉克利特（Heraklit）说过，战争是万物之父。从相互对抗的力量的相互交汇之中，在危险的重大时刻——灾难、暴动、拯救，产生了最具决定性的新发展。法国只有这样才获得了它的优势，它知道在那场激烈的运动中比以往都更加强烈地保持民族的共同感，知道如何为了战争的唯一目标而发挥民族力量到如此不同寻常的程度。

如果人们想同它对抗，或者希望再一次打破这样一种优势，那么用迄今可供使用的那些手段是不够的，即使改善军事状况也无济于事。为了集中我们想要拥有的所有力量，必须进行更加彻底的革新；必须下定决心，唤醒那些昏睡的、迄今为止更多是无意识地承载着生活的那些民族精神，去采取自觉的行动。

这必然是一项宏伟的工作，对欧洲各族群和国家的民族精神的青春活力的焕发进行全面研究，记录重新唤醒它的各种事件，预告它第一次起来反抗的种种迹象，以及它处处表明自己立场的各种运动和制度，最终展现它战无不胜的行动。但是，这是一项如此远大的事业，以至于我们在此根本无法触及。

可以肯定的是，1809年①，当人们开始考虑世界命运的挑战时，才开始讨论成功的些许希望。当在一些秩序井然的王国，全部居民都离开了与他们的宗教信仰相关联的传统住所，并将之付诸一炬的时候，当向来习惯于安宁的平民生活的伟大人民肩并肩拿起武器的时候，当人们终于真的忘记世世代代的不和，并郑重地联合起来的时候——不是在早些时候，只有在这时，才能够打击敌人，恢复往日的自由，并且把法国包围起来，把泛滥的洪水驱回它的河道里。

如果说，法国大革命之前的百年大事是大国崛起以捍卫欧洲的独立，那么，在这之后的这段时期的大事是诸民族性焕发青春、振奋精神，并取得新发展。民族性使国家具有民族意识，而国家没有民族性就不可能存在。

---

① 在1809年奥地利反对拿破仑的起义中，民族和人民的力量已经开始发挥作用。

人们普遍认为：我们的时代就只具有这种发展趋势，即瓦解的力量。它的意义恰恰就在于，结束从中世纪保留下来的、束缚的、禁锢的制度惯例。它带着被灌输的热望自信地向前进发。这是所有重大事件、发现、全部文化的结果。然而正是因此，不可抗拒的倾向也就出现了，它使得我们的时代发展出了民主的理念和组织机构；而且它继而必然带来一切重大变化，这些变化的证人就是我们。在这场普遍的运动中，法国走在其他各国的前面。① 可是有一种观点认为，这场运动的前景会极其悲惨。然而我们认为，在种种事实的真相面前，这种观点是经受不住考验的。

我们的世纪不满足于仅否认，而且还产生了积极的成果。它实现了伟大的解放，但却不完全是在瓦解的意义上的解放；相反地，这种瓦解有助于解放，有助于建设和团结。它不仅首先诞生了列强，还把所有国家的、宗教的和法律的原则——更新，使它们更能发挥作用。

我们的时代特征即在于此。

在世界历史的大多数时代里，宗教联系把各个族群聚集起来。不过，有时也存在着确实可以同我们的宗教联系相比较的另一些联

---

① *De l'origine et des progrès de l'esprit révolutionnaire*, par un ancien ministre du Roi de France（法国国王前大臣著：《论革命精神的起源与发展》[海牙，1833 年] 中表达了这一观点。这位部长在其著作的结尾中说道："然而，可能仍会有一个办法。法国的人口日益增长，行动日益增多。一旦重新打开战斗的栅栏，好战的国家将以其通常的热情投入战斗，通过武力和传染病把一切颠覆之后，它的灾难性的产物——大量毁灭的情景，会使法国完全恢复健康，仁慈的法国会立即告知其他国家的人民……除非那样的时代来临——老欧洲在岁月的洪流中不得不经历那些仍记忆犹新的非洲和亚洲诸著名国家所经历的命运。这真是一种无法令人安慰的前景啊！但是，它来源于法国同一些其他国家状况的关系，这是各个完全不同的政党的基本错误。"

系，在其中几个较大的、通过某种政治体制结合起来的帝国和自由国家并存。我只想提一下亚历山大之后的马其顿－希腊王国时期，它与我们有某些相似性：一种传播广泛的共同文化、军事训练，错综复杂的外交关系的作用和反作用；商业利益、财政的重要意义，工业竞争，同数学相联系的各种精密科学的繁荣。可是那些从占领者的所为及其后继者们的分崩离析中产生出来的国家，没有也不可能拥有自我存在的特殊原则。它们建立在士兵和金钱的基础上。正因为这样，它们很快就解体了，最后完全消失了。人们常常问："罗马是如何如此迅速地、彻底地征服它们的？"之所以发生这种情形，是因为罗马至少在重要敌人面前，严格坚持其原则，这一点值得称赞。即使在我们这里，对国家来说好像也只有领土的范围、军队的力量、巨额的财富、一定程度的普遍文化修养才是有价值的。如果说曾经有过某些事件适合于捣毁这样一种错误，那么它们就是我们这个时代的那些事件。它们终于又一次把对于国家来说很重要的道德力量和民族性带进普遍意识里来重新审视。我们的国家如果不接受源自国家建立基础的民族原则的新生活，那么它会变成什么样呢？没有人能被说服，没有这一原则它还能存在。

我们并不是说，通过到处发生的那些变化，所有国家就或多或少变得彼此一样了，它们就与法国处在同一发展阶段上了，最终所有国家都会面临法国所经历过的事情。如果我没有搞错的话，事实很清楚，法国通过它所招致的对立，多于通过它所促使的仿效。人们怎能忽视在法国发生的彻底变革与在其他国家产生的变化之间存在着的区别呢？在起义赢得胜利以后，它也就变成了那个地方的主人。正因为如此,它的国家从没有能够达到稳固的状态,因为这一原则深植于它的原初性中。现在,革命的成果从未在本质上遭到复辟的损害,甚至反而可以说,它在这种复辟的庇护下得以巩固,并同合法的王朝保持持续的对立。在其他国家,最高权力同它所给予的更大自由结合起来,它的地位由此变得更独立和强大。但是,我们不要让自己被一种经常出现的短暂表象所迷惑!在18世纪中期,欧洲的君主们似乎与法国哲学结成了同盟。这固然有某些其他原因,然而这也因此是自然的,因为这一取向使得政府的反对派产生了,政府在欧洲还一直占据着优势。之所以这样,是因为弗里德里希二世接收了这些法国哲学家,给他们提供庇护,赞同他们的主张,但弗里德里希二世并没有想按他们的理论来建设他的国家,他一直强烈反对他们的实践意图。相反,在这个经历了大革命的国家里,公报和日报的理论及其所捍卫的利益构成了反对派。这很自然,它们在欧洲其他地区得到了响应。然而不能期望这些国家按照这些观点被建设和改造。人们固然以更宏大和自由的运动来反对法国旧的世袭贵族统治的稳定性,以更大的稳定性来抵抗近代法国不间断的狂热的运动。各个国家的发展仍然走自己的道路,并遵循自己的原则。

在1830年的法国出现的革命精神又如此突然地振奋起来并波及各个角落,这种精神在普遍的变革中创造了各种与它类似的精神。如果说这种精神现在重新活跃、产生影响并千方百计试图改革欧洲,那么会令人不由得担心这场运动将又一次普遍重蹈覆辙。

尽管对于法国统治世界的无可比拟的狂妄来说,这种革命精神不是卑鄙的同盟者，但是，它使得当初法国所拥有的优势体现在方方面面，并对眼下的世界地位有着重大影响。然而，它必然在自身内部遇到阻力。没有一个国家能够仅仅凭借革命精神来管理，即使它的初衷如此，它也不会任由其发展，失去控制。那么，我们只需要观察一下从它的第一轮进攻中产生了何种效果就可以了。它不是必须致力于唤醒和振奋一种人们几乎不相信它的存在的民族性吗？荷兰被之前的法国大革命完全击垮，因而成了这个帝国的一个无足轻重的省份，如今它凭着昔日的荣誉感和不可磨灭的使命感，多么勇敢地奋起反抗、多么顽强地坚持到底啊！

当然，如果没有政府非凡的坚定性和民族的伟大自由思想的热忱，没有这两者志趣的融合，这一切是不会发生的。不过，要想反抗就得这样，这是不可否认的，人们必须以力量对抗力量。

世界历史并不像乍看起来那样，呈现出国家和族群的偶然的混战、兼并和承继。那种常常可疑的文化支持也不是其唯一内容。世界历史是力量，确切地说，是精神力量，是生命和产生创造性的力量，它是生活本身，它是我们在其自我发展中看得见的道德力量。它们不能被定义，不能被抽象；但是，人们可以看到、觉察到它们，可以对它们的存在产生同感。它们繁盛、征服世界，以多种多样的表现形式凸显着自己，相互排挤、相互压倒；在它们的相互作用和承继中，在它们的生存、消失或者复兴——包含了更宏大的内容、更高的意义、更广的范围——中，存在着世界历史的秘密。

如果我们现在遭到一股强大精神力量的攻击，那么我们就得用精神力量来反击它。如果另一个民族取得压倒我们的优势而使我们面临威胁，我们就只有通过发展我们自己的民族性才能应对。我不是指某种虚构的、幻想出来的民族性，而是指那种本质的、现存的、在国家中凸显出来的民族性。

谁能反驳我，世界不是正在发展成一个越来越密切的共同体？这种既定方向不会受到族群与民族性之间的对立、国家与其原则之间的对立的阻碍和束缚吗？

如果我没有搞错的话，这与文学的情形是一样的。当法国文学控制欧洲的时候，世界文学无从谈起；只有到那个时候，即欧洲大多数主要民族独立地、充分地、对立共生地发展他们各自的文学时，这一理念才能得到领会、表达和传播。如果允许我把一种微观关系同宏大关系进行比较的话，那么我想提醒，社会不会在只有一种话语和对话中提供精神享受和进展，哪怕每个人都处于同一阶段，或者如人们所想，在同样的平庸中一直说同样的话，也不会带来享受和进展。人们只有在那时才感到舒心，因为纯粹在他们自身内部形成的多种多样的特性，在更高的共同性上相遇，它们通过相互接触和补充而产生了当下。如果不同的文学把它们的特性都混合起来、融合起来，那只会产生一种令人生厌的无聊。不！所有文学的联系基于每一种文学的独立性。它们会非常活跃地并且不断地互相触动，但一种文学不会主宰另一种文学，并对它产生本质影响。

各个国家和民族的关系也是如此。唯一一个国家占绝对的统治地位将给其他国家和民族带来毁灭。所有国家和民族混为一谈，将消灭每一个民族的本性。从区分和纯粹的发展中才会产生真正的和谐。

当代史讲座导言

[1835/36],见:《讲座导言》(=《摘自作品与遗作》,第 4 卷),福尔克尔·多特魏希、瓦尔特·彼得·富克斯编,慕尼黑/维也纳 1975 年,第 124—128 页。

Einleitung zur *Vorlesung über Neueste Geschichte* [1835/36], in: Vorlesungseinleitungen (= Aus Werk und Nachlaß, Bd. 4), hg. v. Volker Dotterweich u. Walther Peter Fuchs, München/Wien 1975, S. 124-128.

这篇文章以兰克学生格奥尔格·魏茨和海因里希·西贝尔记录的兰克 1835/36 年冬季学期的讲课笔记作为基础。历史研究的认知目的是导言着重论述的历史科学使命的基本问题。兰克认为历史学家应该凭经验介绍历史事实("易逝现象的王国"),他的主要使命是通过历史"打开""不朽精神的"王国。"以理念冲破现实"是兰克认识论的中心。

哥廷根大学历史研讨课导言

如果我们从其外部发展进程来观察历史的话,无外乎总是一个族群消灭另一个族群，以及族群自身的颠覆及兴衰起伏，如此我们就从悲哀的一面和颓废中看到历史以及其中的人性。正是在极度幸福的时刻，不禁让人想起，普里阿摩斯（Priamus）哀叹特洛伊，马略（Marius）痛哭迦太基的废墟，当穆罕默德进入君士坦丁堡时，他的想法是所有的一切都被一张蜘蛛网覆盖了。如果我们把历史作为消失事物的表现者，作为过去事物的保留者来看待，那它提供给我们的就是世代宗族的登记簿、姓名和资料、地点和时间，它试图抓住过去事件发生的瞬间并复述它。这样做本身并不是无价值和无意义的，但从一个更高的观点来看，也许是无足轻重的。因此人们在历史中早已尝试达到并提供一个更高的境界，即表现内在的联系，表现持续的发展，这种发展把先前和后继连接起来，并继续达到持续的完美性的理念；出于精神的本性，人们把发展的必然性推导出来，并试着在历史中寻求证明。①

无须进一步探讨，我们已在史学上迈出了新的一步，登上了一个更高的台阶。不是稍纵即逝的表象王国，而是不朽的精神王国开启了我们的史学。如果我们努力从历史方面来研究这个精神王国，那么向我们敞开的就是一个让我们惊叹不已的世界。如果我们只去寻找那些血腥力量的斗争，只去抓住过去的事，那就大错特错了。没有一个国家的出现离得开精神基础和精神内容。不仅如此，尤其是

---

① 西贝尔的笔记：关于历史的两种观点。一种是把过去作为已经过去的和完成的来观察。与之相对，另一种主要着眼于出现的现象的延续性。一种创造以另一种创造为依据，在历史学中一种理念与另一种理念互为依据，只是这里有时能够看到停滞和断裂。但是人类生活的进程只有在对它进行整体观察时才能看到，看到无穷力量的无尽斗争，以自由的规律，朝向无限的目标。

斗争本身，国家权力同样是一种精神本质，一个原初的天才。它有自己的生活，或多或少满足特有的条件，组成一个影响范围，产生作用。

现在，史学的工作就是去感知这些生活，这种生活不能用一种想法或一个词语来描述。世界中显现的精神是不可被概念化的本质，其存在的所有界限都由它的现在填充，在其中，一切都不是偶然的，其现象在一切中都有根据。精神力量只有在看得到的地方才能被认识，就这样，史学家记载下它的表象，并探究其深远意义。如果世界中只有这样一种力量，史学将占有它、塑造它并完全控制它。人类不具有无限性和绝对性，每一种力量都有它的局限性，它们在斗争中互相对立。失败者不会消亡，因为它们拥有精神的内容。我们在整个史学中发现，这种精神的内容为战胜者承接，总是引发新的思想和形成新的创造，它们承接以前的思想内容而且完全没有放弃它。

希腊精神征服了东方，但并不是所有东方奋斗的成果都因此而遭到了毁灭，而是双方的特性在后来的希腊世界的现象中结合了起来。罗马帝国战胜了那些希腊化王国，但是已经渗透到东方最远边界的希腊精神现在又因此得到机会，占据并充满了最远的西方。罗马帝国由于日耳曼人的进攻而没落，但是精神的成果却经久不衰——产生于它的法律、宗教、教会，还有就某方面来说合理的国家组织。在古代精神中创建的东西传给了所有后来的民族，它为近代的伟业奠定了基石。

在斗争之后，人类精神的更新和扩张填满了整个世界史，历史的材料——否则只存在于过去的标志里——获得很大的意义。是的，每一个瞬间,即使看起来好像并不重要,却通过普遍精神内容的修正而变得重要,没有这个精神内容,它就不存在,并且这个精神内容在其中体现出来。历史的周围充满了内在能量的精神创造,在这种能量的演替中,历史还是一种不可衡量的,有时是不可用概念表达的发展着的进步。绝对的过去是不可能的;尽管生物应该灭亡,但是精神的内容仅仅因为其存在即属于永恒的、理想的东西,它拥有在地球上永不会消亡的影响。①

在这个意义上,历史不是哲学的对立,而是它的补充。历史的不同在于,它没有用必要的前提推论精神的生活,而是将它保存在其现象里,然后去直观和理解。历史注重事实,而这些事实包含精神的意义并被理解,成为精神的财富。

如果凡事皆是如此的话,那么面前的这个部分的内容不是稍逊,而是尤甚于以往。②在近代,不仅所有的努力都拥有理想的内容,而

---

① 西贝尔的笔记:个体的灭亡令我们悲哀,然而我们很快就会意识到这种精神生活的无限性和坚不可摧。自由王国没有因此缩小,个体的精神是自由的和自主的,但它包含在普遍性和必然性里面,限制它,但也被它限制。
② 上一段西贝尔的笔记中缺少以下的思路。对此有以下的思考:第二种观点的本质是依照世界历史的。我们借助过去的几十年来思考它,单单这几十年就可确认和唤起它。它是一个前所未有的伟大进步,所有以前单个要素集中且合并起来。在所有的分支和取向中,例如自然科学,都有这一现象。地质学从 1762 年开始对图林根森林的观察,从那时起它延伸到地球的各个部分,并把地球描绘成一个有机体,以前的地理学没有这种理念。这样人们开始用气压表观测大气。通过这样高级的测量得到的唯一结果是,它有无限的范围。天文学和化学中的类似情况也不少。在以前的几个世纪内已确定了地球的轮廓,现在只在内容和本质上对它进行研究。无法度量的工业进步与之紧密相连。在精神领域的作为也毫不逊色,尤其在德意志,哲学在范围和深度上都取得了很多突破,现在,如人们所说,都有些疲乏了。很久以来艺术得到了诗歌的大力支持,现在艺术追求重新达到繁荣。在每一门科学中都有着一个新的、通常尚未为人所知的生命,一个新的深度。

且人们自身意识到比以往更高的高度,尽管不是完全接近于最高。人们坚持自己的理念并互相对峙,他们表明要捍卫自己的理念与立场。这些理念包括了全部的存在。通过理念对现实的这种渗透,必须把握对大量现象的观察,在这里尤其显而易见,这也正是我们的任务。首先要观察掌握着世界基础的列强,它们的对立与接触,它们将斗争、衰落、又重生,直到出现一场运动,产生一种新的力量,它迫使人们打散和捣毁旧的生活。我们要观察这种革命的力量能够触及多远,然后观察反抗——旧欧洲不可克服的势力,这是一场从未进行过的战争,并且通过这场战争各国的所有力量以一种难以置信的方式发展起来,观察各民族的精英怎样觉醒,奋起反抗。然后要描述,通过运动和反抗,革命和复辟,当下到达了怎样的位置,这个事件带来了哪种存在与转变。

我们面对的只有一个疑虑:这样的计划能够实现吗?对此可以提出两种设想:一种是我们站得离这些事件太近,以至于不能毫无偏见地掌握它们;还有一种就是我们缺少相关的材料。然而两种都不重要。历史的不偏不倚不取决于对象的远近,相较于个人的兴趣和当下的作用,更多地取决于内在情感的提升。谁对此没有意识,旧史学想得和新史学一样好,种植上其幻想的植物,按照现象来观察它,按照党派观点来塑造它?相反地,谁完全有能力,既有意志又有力量,把它化为己有,就会设法客观地、科学地探究近的和最近的东西?同样地,材料不完整也不能吓倒我们。这到底是哪里的历史和属于哪段的历史?不是藏匿了,就是完全丢失了,哪里都不能达到完美,而且我们这里真的不是什么材料都没有,相反甚至可以说我们的对象是必不可少的。科学地看待当前的事情，这对每一个人来说都是迫切的需要。短期的利益常常令我们的目光变得极其狭窄，这是我们立身之地呼出的气息，低沉的令人不安的气氛压迫着我们，阻挠着我们。站得越高，我们就呼吸得更自由，前景就更开阔。如果世界史中有向我们阐明的东西，那么没有比在近代发生的事情更好的了，只要我们不带偏见地去理解这段历史。

这一对象是困难的，吸引力也随着困难而增加。这段时期既没有被科学表现也没有被艺术表现处理，只有某些吉光片羽；其他大多是材料的堆积，或者纲要，或者被带有偏见的观点所充斥。我们是要为一项未来的科学做准备，而不是重复现有的和做些改善。在课堂上能够做的，当然是很有限的。我想提醒大家有一本冰岛的书，叫作《唤起饥渴》。这也是我们在这里的目标。

政治对话

[1836]，见：《19 世纪德国和法国的历史》(=《全集》，第 49/50 卷)，莱比锡 1887 年，第 314—339 页。

Politisches Gespräch [1836], in: Zur Geschichte Deutschlands und Frankreichs im neunzehnten Jahrhundert (= Sämmtliche Werke, Bd. 49/50), Leipzig 1887, S. 314-339.

这篇文章最早于 1836 年刊登在《历史政治杂志》第 2 卷第 4 册中。两位虚拟的对话者指的是兰克与他的朋友——法学家和"历史法学派"的奠基人弗里德里希·卡尔·冯·萨维尼（Friedrich Karl von Savigny，1779—1861），兰克与萨维尼之间的对话可能形成详细论述的思想背景。《政治对话》联系着《列强》的思想和《当代史讲座导言》。其他部分是"国家"和"民族"概念的理论化。国家是"个性，一个与另一个相似，但本质上互相依赖"。同时，以发展为目标的对这种个性的历史科学的特殊的认知兴趣，与一种哲学的认知兴趣分开了："从特殊性中，你可以从容大胆地上升到普遍性，在普遍理论中，没有通往特殊认知的道路。"

弗里德里希：你光鲜亮丽地来到我这里，穿着枢密院制服，甚至还佩戴着你的外国勋章？

卡尔：我敢打赌你一点儿都没听到车辆滚滚而过。可如果你愿意与我走两步，我会指给你看那些灯火通明的窗户，我从那里来。它们照亮了整条街道。

弗里德里希：而你却从那辉煌之处悄悄溜到这孤寂的书斋？

卡尔：为了向我的修道士兄弟道声晚安。见识过世事之后，我就要探访一个人；进行过会谈之后，我就想享受与他的一席对话。

弗里德里希：我对你的与众不同已见怪不怪，正因如此我更加欢迎你的到来！

卡尔：反正你不会认为，行走于那些当权者之间能令我满足，那些控制沙龙的各种各样的观点和评语，其中掺和着我的微论轻言。

弗里德里希：你说起话来就像从拜伦（Byron）算起的大多数享受现世生活者。你感觉疲惫、精疲力竭。

卡尔：世事和会谈只接触到普遍的要素，停留在精神的表面：我们不时看到受益于机遇或出身而跻身社会上层的人，不时听到引人注目的事，这是一个瞬息万变的群体，它不断地在改变，然而却年复一年地保持如此。世上有这样的人，他们从中得到满足；这样周而复始的千篇一律却令我感到有些压抑。

弗里德里希：你还是不愿完全没有它。在上流社会里必然同样暴露出世俗的利益，通过这些利益，它才真正地得以运转，即使它只是暂时的，如你所说，在表面上的。你们必然饶有兴趣地看到它浮现，变得越来越强大，直至拥有统治地位，又消失不见。如今人们主要谈论些什么呢?

卡尔: 我的上帝,报纸[①]翻来覆去讲着众所周知的事情:英俄之间的紧张关系[②];投资策略;西里斯特利亚(Silistria)的归还;法国王子们的旅程;阿利博(Alibaud)[③];现今人们对议会谈判的漠不关心;铁路与军火;战争与和平。一言以蔽之,谈论所有你想要的东西。

弗里德里希: 但总有一些观点、一些看法占主导地位吧?

卡尔: 立场各不相同。青年军官们只要一想到战争就眼睛发亮,也不多问要对谁开战。他们对投资策略抱有敌意,认为应当与英国真正断交,而且毫不怀疑,战火将立即侵袭欧洲的其他地区乃至世界。

弗里德里希: 那么对发自内心并不希望战争发生的军队来说会是怎样的呢:职责?效力?晋升?我不是责怪谁。

卡尔: 这只是有些不同寻常,我们从没有像现在这样强大和全面的装备,而且我们从没有过这么长时期的和平。

弗里德里希: 现在的条件是有所制约的。过去,战争是由于力量过剩而引起的,可有可无的一些闲人,拥有钱库里的或者不费多大力气就可筹集到的钱;现在,民族之间相互开战,各自武装,短兵相接,全力以赴,首批装备的费用就已经无力支付,人们必须对战

---

① Zeitung,这里取旧时的含义,指对一件事情的报道。
② 英俄之间紧张关系的起因是 1833 年签订《温卡尔-伊斯凯莱西条约》后建立的俄国和土耳其之间的保护联盟。虽然俄国于 1834 年撤离多瑙河侯爵领地,但仍占据西里斯特利亚,这加剧了英国对俄国的不满。
③ 路易·阿利博在 1836 年 6 月 25 日刺杀法国国王路易·菲利普。

争的事关生死有思想准备，无怪乎人们有所觉悟。但你更想谈谈另一种观点。

卡尔：与此相反，行政当局愉悦地看到长期和平的到来。人们不再惧怕君主专制和君主立宪制的对立面，多年来它前景暗淡并显得危险重重。长期沉寂的中间派又重获新生。在极端状态下执政，这是不可能被认识到的。

弗里德里希：我以为你也是支持这个观点的。

卡尔：我怎么可能不这样呢？不停运动的政治可以向流行的或阻碍的贵族倾向的准则屈服吗？为了不被他们所利用，并且不受他们的鼓动使自己的意愿受到裹挟，人们不得在斗争的两者中间站稳立场吗？

弗里德里希：这很明智。

卡尔：并且很必要。有哪一个国家不是看到了这种必然性而选择了这条出路？人们也应该相信，在上次的法国革命后，运动和自由主义仿佛取得了不可抗拒的优势，但是从颠覆中产生的政府，没过几天就被迫投身于抵抗之中，而且它对整个欧洲尤其是对我们实行立宪制的德意志的反作用就在眼前。辉格党[①]摇摆于激进主义和保守原则之间：他们看起来对那些人而言还是有利可图的，所以那些人没有放弃他们。

弗里德里希：你真的相信，能够用这种方式执政？

卡尔：你不这样认为吗？

---

① 英国政党名，这里通指自由派。

弗里德里希： 我处在特殊的情况下，总体上赞同你的观点，但又必须提出异议。

卡尔： 可是你有何可反驳的呢？给我解释一下你的观点！

弗里德里希： 你来自高雅的上流社会，你难道也有这样的兴趣，耐心深入地探讨一个非常严肃的问题吗？因为我们要进行比你想的更加深入的讨论。

卡尔： 为什么不呢？通过这种方式，我们就能从保守走向对话，从既定走向寻找和发现。

弗里德里希： 那么首先回答我一个问题：你已确切发现了，如人们经常声称的，真理在于中间吗？

卡尔： 至少我始终留意着，不能在极端中寻找真理。

弗里德里希： 从极端中你是不能得出真理的。真理根本就存在于错误的范围之外。总的来说，你不能从所有错误形态中概括出真理：它要被发现，被观察，它本来就处在自己的范围里。你不能从世界上所有的异教中得出什么是基督教，你必得读福音才能认识它。我们可以宣称，从世上所有的赞扬和责骂中是不会得出公正可靠的评价的，你也会这样仔细地在两者之间寻求中立。

卡尔： 我暂且认为你的话是正确的，可是这与中间派①有何关系呢？

弗里德里希： 即使在国家中，你也会觉察到极端的观点。我认同

---

① Juste Milieu，政治口号，1830 年七月革命后指路易·菲利普的市民王国政治，以突出其介于极端保皇党人和革命党人之间的色彩。

你，它们可能不包含正确的观点。可是谁告诉你，正确的观点在于中间呢？

卡尔：国家不是学说。诸政党不只是捍卫观点：它们本身就是力量、权力，它们互相对立，互相斗争，互相推翻，正像我们每天察觉到的一样。

弗里德里希：那么在它们之间，你认为，政府应该取得均势吗？

卡尔：当然。统治就是领导、控制。

弗里德里希：但是我问你，就算政府是这样的，它对此从哪里来的力量呢？

卡尔：在我们的时代，没有一部宪法不赋予政府很大程度的权力，即使是受局限的政府。

弗里德里希：允许我说一句！权力本身没有什么作用。它是一个工具，它只有在被人们使用时才发生作用，问题在于人们是否懂得如何使用它。你的政府本身也是无意义的。

卡尔：为什么是这样？防止战争、促进普遍的利益，难道是无意义的吗？听我说完！不管我们怎样定义国家与社会，也总是存在着掌权者和臣民，存在着多数的被统治者和少数的统治者这样的对立。不管事情看起来如何，但结局总是，最终多数人的利益占据上风，统治者以这样或那样的方式屈服。但是在民众中总存在着纷争与各种不同的党派，我们不可以总把这些视为混乱。这通常只是一种生活方式，它能为全民带来更多福祉。政府还能做什么比避免一方占优势或者避免双方危险的冲突更好的事情呢？

弗里德里希：你别想蒙混过关。通过这种方式，世界将分属于各种党派，它们是生命之所在，政府只是那惰性之所在。正是这一点，我不能同意你的看法。

卡尔： 为什么不能？

弗里德里希： 你得向我承认，而且你也说过，那些你所说的政党代表了精神的力量，而不仅仅体现一定程度的权力。

卡尔： 无疑，是力量和趋势。

弗里德里希： 为了争取这些力量，控制它们，政府本身难道不应成为一种更强大的精神力量吗？你认为它是一种行为：行为主体是什么，发生作用的是什么？仅仅凭着良好的调解愿望，是行不通的。你必须拥有一种本质，一种自我。

卡尔： 不管怎样，这总是真的，那就是：政府必须在各政党中保持中立。

弗里德里希： 我们的一致与分歧正在于此。我认为，人们对中间派有两种看法。有些人认为它是消极的：政党构成国家；统治的力量只是努力使每一个政党得到公平对待，并在它们之间保持中立。在我看来这是你的观点。而另外一些人认为它是积极的：这当然是那些诸多政党，它们拥有自己极端的东西，而正因为它拥有积极的内容，所以它要尽一切所能地把它本来的、固有的趋势贯彻下去。

卡尔： 这个问题会使我们深入探讨下去，就这点而言，你当然是正确的。我们的谈话将转向重要国家的本质上，我承认这正合我意。我已经时常感觉到，对此你已经形成了一种与我的看法不一致的观点。如果不妨碍你的话，我今天就来详细谈谈。你对国家的积极的精神内容是怎样理解的？它们不都是从同样的起点开始的吗？

它们不都是具有相似的义务吗？它们的不同难道不是偶然的吗？

弗里德里希：事实上，所有这些你似乎肯定的问题，我都要以一个绝对的"不"予以回答。如果我们想互相理解的话，那我们就得再进一步谈谈。你认得桌子上放着的那本小书吗？

卡尔：《我的战争哲学的最后两章》。是谁写的？

弗里德里希：再看看里面的标题。

卡尔：哦，尚布雷①，那个勤奋而富有洞察力的《俄国远征史》作者！标题连内容都给出来了：第九章　军事机构与政治局势和民政机构的关系。这个想法就已经很好了！我真是有点迫不及待地想知道他的观点是怎样的。

弗里德里希：他认为有内需的军事设施符合社会现状和民法。

卡尔：给我举个例子。

弗里德里希：英国军队适应于那个没有被改革的议会。贵族充斥着两院，年年为既成事实投票表决。因为这个国家在根本上以贵族为基础，所以贵族的利益就维持现有秩序，因此他们凭借若干特有的机构取得军事要职且占着不放。相反，下级军官和列兵要经过征募，他们享受着比欧洲其他任何一支军队都高的薪水和更好的待遇，但他们得顺从国家的要求和意志，经由良好的愿望和最严格的培养以及最严厉的惩罚，使得他们服从。

卡尔：由此说来，如果宪法得到进一步的修订，那么这些改变在

---

① 乔治·德·尚布雷（Georges de Chambray，1783—1850），法国将军及历史学家。他的《俄国远征史》出版于1823年。

军队当中也不可避免。

弗里德里希：我不怀疑，甚至这些改变只会更加深入。

卡尔：而且由此也衍生出英国和普鲁士军队之间的截然不同。

弗里德里希：作者认为，普鲁士军事制度和公民制度也是完全一致的：普遍的兵役义务有关个人自由与财产分配，组建战时后备军有关市民权利，受过教育的阶层优先得到一年期服役的位置。下级军官有望得到供养，从而把他们更紧密地与国家联结起来。他宣称："一个拥有像战时后备军这样的民兵组织和像城市秩序这样的制度的国家，才享有行动自由。"

卡尔：多么完全不同的两支军队，在滑铁卢打败了拿破仑，来自近亲民族，但依据不同的内在动机组成：一支是征募来的，给养充分，忠于职守，具有贵族气派；另一支具有民族意识，灵活敏捷，心甘情愿，不怕吃苦，不知疲倦。两个互相对抗的战斗兄弟，一个代表着旧的日耳曼欧洲，另一个代表着新的日耳曼欧洲，联合起来共同争取最后的决定性胜利，这真是意义重大。我们知道，威灵顿[①]当时拒绝追剿，并且从那时起他就再没兴趣改变他军队的体制。他在这里也是一个反改革者。从他的反对者那里，他没有得到过一次理解。尚布雷也谈论拿破仑之后的法国军队吗？

弗里德里希：他可不是他的仰慕者。他受不了的是，一个打了20次胜仗的将军还没有一个交几百法郎税的小商贩的政治权利

[①] 阿瑟·韦尔斯利（Arthur Wellesley，1769—1852），威灵顿公爵，与布吕歇尔·西格尔一起，作为托利党人政府首相反对旧的英国议会宪法改革。

多。① 他认为晋升更多地依赖于一位只对被推荐人有私人兴趣的委员的推荐，而不是依赖于对这个人与其他竞争者一道在各种情形下进行过考察的最高指挥官。部分军官好像颇有兴趣改变国家，因为可以预见，好多人就不继续服役了，而是退出，这样就会出现大量的晋升机会。

卡尔：真是奇特呀，社会现状被某些要素支配，这种状况充斥着每一个机构。更加奇怪的是武装力量，它的目的是无限制的并且不依赖于内部国家管理，即人们历来总是力图把所有邻居或者敌人需要的东西据为己有。

弗里德里希：这正是我的看法。存在于一切并掌控一切的思想，精神的支配力量，普遍的状况，这些决定了每一个机构的形成和本质。人们当然可以说，机构有着完全属于自己的独立意义。但就这点而言，其实我从中只看到一种需求，一种可能性，它只有在实行中才获得精神的实质，然而这样也马上就会出现差别。

卡尔：我承认，我时常觉察到类似的情形。人们常常建议我们采纳别的国家的组织机构，但谁又能向我们保证，它在我们这里不会变质呢？法国人曾希望学习德意志的教学体制。然而这个体制基于德意志新教教会的需要、思想及发展，它完全浸润了这种精神，所以法国人只能学到它的外部轮廓、思想表现的直观形象。正如我们看到不同国家的大学之间的区别一样，尽管它们都有着相似的历史基础！

---

① 通过1814年宪章规定的普选权，选举的权利被限制在那些直接缴税至少300法郎的人手上。这样，只有约87000个法国公民享有选举权。

弗里德里希：很好！我欣喜地看到在这一点上，你与我一致。这是我们的观念得澄清的根本。相同的机构，有着相同的目的，基于类似的历史基础，然而我们看到在不同的国家采取的形式迥然相异。你认为这是什么导致的呢？

卡尔：我不怀疑，是因为不同的宪法。英国的教会创建了英国的大学，议会的宪法决定军事机构；通过我们的教会和我们的国家机关，我们国家的所有组织机构严密地联系在一起。

弗里德里希：我承认。但我还要问：宪法取决于什么呢？

卡尔：你不会问每种宪法随着时间的变化是怎样发展的。我认为它只取决于所在的国家的不同。国家机构的对立，权力的关系，各方的优势，国家内部的经济结构，最后是民族的教育程度。

弗里德里希：如果是这样的话，那么你就可以把那些宪法章程复制下来，经过一番准备和培养，移植到另一块土地上。但正如你所承认的，实际上你自己也明白，移植单个的机构就已经如此困难，那么移植整套宪法是不是会完全不可能呢？即使你能够做得更好，那也会产生其他的、不同的东西。

卡尔：形势本就多变，即使在自己的国家中，一部有生命力的宪法也会经历不断的变化。

弗里德里希：我们不要用原本就不相信的可能性来混淆自己。形式可以移植，但是它们的根源所在，不仅仅是历史基础，而且是连接过去和现在以及赋予未来生命的精神，你们又怎样复制它呢？还有——因为这样丝毫没用——你们必须占有它，并注入你们新的创造。

卡尔：我相信总归存在一种内在的亲缘关系。我处处都看到这三种情形：相似的形式，相应的政党，它们极热情地参与和它们根本没有直接关系的利益。存在一种贵族的、民主的、混合的或单纯的君主制思想。我不想说一切都必须一样，我远不是这么想的。但是一种宪法在一个地方，另一种宪法在另一个地方有着更加完善的发展：为什么人们不能模仿这些更完善的地方，为己所用呢？

弗里德里希：我觉得你好像把这些种类的宪法评价得过高了。这些分类就像植物学的分类一样，但是，你认为一个爱花的人会从花蕊辨认他的花吗？人们在古代作出那些区分，这些区分得到承认并保留下来。然而在雅典还存在着一些不是民主精神的别的东西。民主没有创作出美好艺术的典范：柏拉图是一位糟糕的民主主义者。根据贵族阶层的头衔想一想，你绝不会料想到斯巴达，我不是指它的行为和习俗，而是指它的宪法形式，只存在斯巴达人、自由人与国家奴隶的关系。

卡尔：不过你不可说这种区分不重要。你不可否认，不同的国家拥有一些共同的东西。

弗里德里希：然而在我看来，我们必须把形式和实存区分开来。形式是普遍的，实存是特殊的、生动的。宪法的某些形式——尤其是那些目的在于限制个人专制的形式，社会等级制度的确定对所有国家都是必要的。但是它们不是最初的生活，更确切地说，通过这种最初的生活，一切形式才获得了内容。存在着某种东西，通过它，每一个国家不是普遍的一个部分，而是通过它，国家即生活，即个体，即其本身。

卡尔：如果我理解正确的话，那么你的观点偏离了其他的观点，即人们习惯从形式的不同出发，从人们接受的种类中凸现个体；而相反，你更多地把形式视为第二位的、从属的因素；你把单个国家的特有的精神存在作为存在，即其原则。

弗里德里希：我们可以以语言为例把它说清楚。语法活动的形式具有普遍的一致：它们总是并且处处以某种方式再现。但是，每一种特殊语言的精神都会产生各种各样、无穷无尽的变化。对国家的原则，我们要理解的不是一种抽象的观点，而是其内在的生命力。这个原则赋予人类社会以形式——我不否认这些形式是人类社会不可或缺的，不过它有着特定的变形，满足现实性的需要。

卡尔：可以说你因而投入了不同的精神物质，它们给予了宪法和社会的一切模式以生命。但这样一来，你不是对一切的公共政策进行了嘲讽吗？你好像忽视了以之作为出发点的国家学说的基本问题。

弗里德里希：你指的是有关国家的最初形成的问题，即个体团结与个体领导[1]。

卡尔：究竟哪个是国家的开始，强权还是契约？政府施行的是一个委托授予的还是原本内在包含的权能？

弗里德里希：对不起，这是一个我不愿触及的领域。这不是我们能管理的事。你最近去天文台检验过我们新的弗劳恩霍夫[2]望远镜吗？

---

[1] 关于国家建立的天赋人权学说通常分两种行为：一是个人互相连接成一个团体（pactum unionis），二是他们委托一个或多个人以领导权（pactum subjectionis）。

[2] 约瑟夫·冯·弗劳恩霍夫（Joseph von Fraunhofer，1787—1826），物理学家及天文学家，自1823年起任慕尼黑大学教授，发现太阳光谱中的暗线，以他的名字命名为弗劳恩霍夫线。

卡尔：你怎么想起这个来了？

弗里德里希：如果人们观测过整个天空，观测过构成银河的不计其数的星群，并把眼光更深入无尽的空间，那么在最远处我们就仿佛遇见第二个夜晚，更深更暗，我们在那片土地上会看到一个新的世界，绝妙的景象。

卡尔：你指的是星云。

弗里德里希：微微发光的流动的流星，一会儿呈片状，一会儿呈拱状，一会儿呈环状，这是一个星辰世界，人们或许认为它还正处于形成之中。我问你，人们应该把天文学建立在我们能在那个领域所做的不可靠的观察之上吗？

卡尔：你认为以这么严格形式表现的关于国家的理论真的可以与一个这么虚幻的开端相提并论吗？

弗里德里希：人们忽视最初拥有的，却舍近求远从晦暗混沌的远处搜寻支离破碎的事实，就为了把这些事实应用到距离最近的事物上。但是开普勒发现了一些定律，这些以他的名字命名的定律，只有通过对一个真正可以到达的、可以测量的天体的最精确、最仔细的观察才能被发现。

卡尔：你是想否定我们现有的普遍政策的有效性吗？

弗里德里希：对我来说，它就像所谓的哲学语法[①]的价值一样棘

[①] 19世纪初创造的脱离单一语言的通用语言学概念。普遍语言的思想由它派生出来。参见迪厄多内·蒂埃博（Dieudonné Thiébault）的《哲学语法》，巴黎1803年，第2卷，及弗里德里希·施米特黑纳（Friedrich Schmitthenner）的《原始语言学或哲学语法》，法兰克福1826年。（福尔克曼－施吕克教授的指点，科隆。）

手。即使它具有普遍语言形式的逻辑分析,亦不知所然。每一种语言都呈现出特殊的变体。只有通过大量的历史研究和推论,才能获得对存在于深处的、统治一切的精神法则的猜测性的认识。就像语法一样,源于国家的空洞理念的政治也是如此。记得费希特吗?"因为地球的表面是支离破碎的,"他说,"海洋、河流、山脉使得人类分开,因此产生不同的国家是必然的。"[①] 你认为我们从这样的一个开始出发,真的能够达到对原初性和不同的精神的观察和欣赏吗?

卡尔:不过,一般性的探讨仍然是绝对必要的。一个人必须得知道他为什么在国家里,他为什么要顺从。

弗里德里希:你是对的,这个理论来自这种需要。它是私法与公法之间的衔接。它们在彼此中寻求保护和寄托,又相互吸收对方的要素。

卡尔:那么事实上这种衔接不是很关键吗?普遍的安全不是现代国家行政管理的最突出的成果之一吗?

弗里德里希:我不否认这一点。但它出于这种普遍需求,考虑的仅仅是私人生活,充其量是某些礼仪和教育的必要,就像在那雾海中变幻莫测的形状,时虚时实,围绕着一个中心聚聚散散。教育的最早的开端可以用这种方式解释,但不能达到对完整的客观实体的直观认识和评价。

---

① 援引 J. G. 费希特的《法学》,最初发表于 1812 年;重新出版在《费希特国家哲学著作》,H. 舒尔茨、R. 施特雷克尔编,莱比锡 1919 年:1812 年的《法学》,第 3 部分,"国际法",第 158 页。

卡尔： 所以你否认可以用国家的概念一概而论？

弗里德里希： 我认为，真正的政治必须具有历史基础，基于对强大而繁荣昌盛的国家的观察。

卡尔： 不能够从普遍性发展到特殊性吗？

弗里德里希： 没有跳跃，没有新的开始，根本不可能从普遍性到达特殊性。物质－精神的东西，以令人意想不到的本来面目突然出现在你的眼前，即使再高的原则也无法将其引导。从特殊性中，你可以从容大胆地上升到普遍性，在普遍理论中，没有通往特殊认知的道路。

卡尔： 你把特殊性安放在哪里呢？

弗里德里希： 让我们从最细微处开始。看看那边我们的雅克①，一位奉献服务型的世界主义者，他热心服务的天赋已经在意大利、君士坦丁堡和圣彼得堡被检验过，但由于时运不济，最终流落到了一个德意志学者的隐居之所——从他的一举一动来看，他不都是一个老派的法国人吗？

卡尔： 当他走在街上的时候，他的胳膊这样动；他这样握住灯盏；当他遇到出乎意料的事的时候，他做这样的举动；他的感觉就是这样的，或许他的想法也是这样的。

弗里德里希： 我们的祖国不是我们最终的安乐之所。我们的祖国毋宁说与我们如影随形，在我们之中。德意志活在我们中间。我们表现着它，不管我们愿不愿意，在我们所到的每一个邦国、每一个地区

---

① 这里引入侍者这个人物。

都是这样。我们从它开始，也无法从它这里解放。这种隐藏内心的东西，填充在最卑微的或最高贵的人物的心中，我们呼吸着这种精神的空气，它存在于所有宪法之前，激发和充实了所有宪法形式。

卡尔：好像你认为民族性与国家是联系在一起的。

弗里德里希：这还不是如人们所认为的那样。民族有一种成为国家的趋势，但是我不知道有哪一个民族真的如此。法国也许是最接近这个目标的，但还远没有包括所有的法兰西人，既不包括那些相隔遥远的，如人们所说的，继续代表法国旧的封建社会的加拿大人，也不包括其在萨伏伊和瑞士的近邻。与此目标相距更远的是英国。它的大量殖民地都是与它距离很远的，并且与这个宗主国相对立地运动发展着。至于德意志，就根本不必说了。就算把德意志邦联[①]作为一种国家的形式来看待，这其实非常牵强，也远没有包括所有德意志人。

卡尔：这种现象你从何溯源呢？依照你的理念，国家必须建立在民族性的基础上。

弗里德里希：从本质上来说，国家远比民族更加封闭，它是人类存在和民族存在的一种变体。

卡尔：那么这种变体是怎样形成的呢？

弗里德里希：史前世界的时期我们不得而知。我们的历史跨度很短，而且这段历史也是极不完善和漏洞百出的！就算回到以前的时代，对我们又有何帮助？那时有关于天与地的另外的一些表达，有

---

① 普鲁士东部省份东普鲁士、西普鲁士以及波森（波兹南）等不属于德意志邦联。

统治世界的另外一些宗教，从而有与另外的一些需求、缺陷及品德相适应的制度。我们认为世界被公民宪法所支配。然而正因如此，生产没有停止过片刻。凭借复兴使强权从不起眼中脱颖而出，从毁灭中成长，真的是通过挣扎而坚持下来的，再形成新的形式。我认为更重要的是观察它，发现其形成规律，而且这至少比一切与其本体相分离的反射镜像更加令我感兴趣。

卡尔：你又要开始进行观察了。今天我不会要求你不去这样做。不过总的来说，你对这些新的形态的产生有何看法？

弗里德里希：事物的本性和机会、天赋和幸运的共同作用。

卡尔：幸运？你是指事件的结局，即胜利。

弗里德里希：我指的是取得独立并占为己有的那个时刻。

卡尔：在你的政治中，对外关系好像起着很大的作用。

弗里德里希：世界如我们所说，是被支配的。为了有所成就，人们就必须通过自己的力量站起来，发挥独立自主的能力，并且必须获取我们所没有的权利。

卡尔：这不是全都取决于凶残的暴力吗？

弗里德里希：并不像战争这个词看起来那么严重。基础已经有了，一个共同体已经结成，但要使它上升到普遍的意义，那么首先道德能量是必需的。单单通过这个，就能够在竞争中战胜对手和敌人。

卡尔：你把血腥的战争看作一场道德能量的竞争。我提醒你，不要过于高雅了！

弗里德里希：你当然知道，我们诚不高雅的祖先也是这样理解它的。因此滕科特人[1]和阿姆西瓦里人[2]为了这片无人居住的土地,而向罗马人发起竞争。可是事实上,不能证实真正的道德能量固守住了胜利的重要战争例子,你能够给我举出的甚少。

卡尔:那么你现在要从那场战争、那次胜利中推导出内在的组织形式。

弗里德里希:不完全一样,不是原有的样子,是原来的修正。独立的程度给予一个国家在世界中的位置,同时为一个国家设置了为达到目标而处理好所有内部关系的必要性,以保住自己。这是它的最高准则。

卡尔:你好像在包庇军事独裁。

弗里德里希:要想获得一个卓越的地位,没有所有人自愿及完全的齐心协力怎么可能!通过凝聚的思想的潜移默化,才能逐渐形成强大的同盟。如果有一个富有天赋的人来领导他们,那么就是幸运的!他永远不会具有强迫他们的力量。

卡尔:那么你建立的充其量是一个志愿的军事国家。

弗里德里希:你好像在指责我,就像亚里士多德斥责那些旧的立法者:我想得更多的是,把国家建立得更强大,而不是使国民智慧、良善;我更关注战争和政治运动,而不是和平与悠闲。对于生存的开端,对于获得独立自主的年代,你不无道理。但渐渐地,人类本性的所有和平的需求会产生作用,那么一切就得到平衡协调。

---

[1] 西日耳曼人的一支,最初在上黑森定居,公元前55年被恺撒击退过莱茵河(恺撒:《高卢战记》,第4卷,第1—15章)。
[2] 在下埃姆斯河的法兰克人的分支。

我们以后再讲这个。现在让我们只停留在目前的结果,来对它先进行一下总结。不是遥远的起始,而是眼前已形成的事物,吸引了我们的注意力。

卡尔:那么你怎样看待它呢?

弗里德里希:所有世界上数得上的拥有影响力的国家,都具有特殊的、自己的一些趋势。把它们解释成了那些个人利益如为了他们的私有财产而组成的安全机构,是可笑的。不如说是那些精神特性的趋势,它们确定了所有国民的特征,给予他们不可消除的深刻影响。通过由此而来的种种不同,产生了当然具有共同的必要性的各种不同的宪法形式。一切都取决于最高理念。这里想说的是,各个国家把它们的起源归结于上帝。因为理念起源于上帝——每一个独立的国家都具有自己的原初生命,这种生命也具有其发展阶段,并且像一切有生命的事物一样,会走向毁灭,但它首先要占据自己的地盘并在那里进行统治,并且与其他任何一个国家不同。

卡尔:在这个意义上,你的理解是,国家即个体。

弗里德里希:个体与个体是相似的,但本质上互不依赖。你从契约学说中得出的那种混合物,像过眼云烟转瞬即逝,而我看到的是精神的实质,人类精神的原初创造,人们可以说是上帝的思想。

卡尔:我不想反驳你:你的观点太坚定了,而且我承认,它正中我下怀。但让我们稍稍撇开这种普遍的观点吧。告诉我,你认为当今的这些国家也具有这样的起源和内容吗?

弗里德里希:我的看法正是从它们身上得来的。我认为它们给予了最完美的证明,但今晚的时间不够呀。

卡尔：但是我必须向你提一个问题。如果如你所说，每一个国家都按自己的轨道行进，那么我们就不会看到欧洲诸王国在由于内部机构而进行的战争中分裂为敌对的、不停相互威胁的两半。[①]

弗里德里希：当然存在一种欧洲的共同性。尽管如此，每个国家仍然拥有其独特的发展，而且我不怀疑，当革命战争的影响停止时，每个国家都将回到这种发展上。

卡尔：好像正是这些影响动摇了你的语句。整个欧洲没有掀起反对革命的战争吗？如果不是抱有共同的利益反对这场革命，欧洲怎会取得互相理解？

弗里德里希：你一定清楚地记得这个理解进展得如何困难。如果你再继续回想一下，事情也原本不像你所描述的那样。一旦遭到攻击，那么要想团结起来的话，需要的时间多么漫长！必然存在这样的危险，新产生的强权威胁到各方面的独立自主，它们可能面临着生死存亡，而最终唤起共同的抵御。

卡尔：然而即使在这样的时刻，自由主义原则和绝对主义原则的捍卫者之间带有多么大的敌意！人们今天又在谈论最新的公务文件。你知道它吗？

弗里德里希：就摆在这儿呢。但是如果我们现在经过这样全面的观察之后，想深入探讨摆在我们面前的具体事务并把两者结合起来的话，那么我会从中得出与报纸通常所代表的相反的结论。

卡尔：你认为它太温和吗？

[①] 兰克这里指的是自七月革命后决定欧洲政治的自由派西部政权和保守派东部政权的对立。

弗里德里希：它无疑是许久以来所出版的最恶毒、最仇恨的文字，但我不能从中看到对那些大陆强国的刻画。

卡尔：你对波佐·迪·博尔戈①的那些电文有何看法？

弗里德里希：它们是真正的杰作。我没有想到现代外交能产生这样优秀的作品。

卡尔：你也赞同它们的内容吗？

弗里德里希：这样使我们至少避免某个错误。人们经常谴责那三个大陆强国参与到对法国和西班牙的君主政体原则的拥护者的夸大其词和片面处理，对此又是劝告又是挑衅！如果没有这些1826年的波佐·迪·博尔戈电文，我都不知道这些论断是如何令人信服地遭到驳斥的。

卡尔：你认为它们是真实的吗？

弗里德里希：对此还不能作出决定性的判断。至少它们带有良善的印记，而且单是它们理性的内容就表明了它们的真实性。

卡尔：看来，你对那篇有关费尔南多七世的电文尤其上心，其中葡萄牙与西班牙之间的错误②的起源呈现得相当清楚，它最终承认，

---

① 查尔斯·安德烈·波佐·迪·博尔戈伯爵（Graf Charles André Pozzo di Borgo，1764—1842），积极参加法国大革命，因科西嘉家族对波拿巴的仇恨而转向拿破仑的反对者阵营，并在俄国任职。1814—1832年任俄国驻巴黎大使。
② 伊比利亚半岛国家在拿破仑时期之后遭受到不同政治群体和王朝集团之间的制宪斗争和内战的侵扰。在西班牙，费尔南多七世于1814年废除了1812年的国会宪法，而在葡萄牙，唐佩德罗斯在1816年约翰六世死后颁布了立宪宪法。由此产生了西葡纠纷，因为有专制主义思想倾向的唐佩德罗斯的弟弟唐米格尔的追随者得到西班牙的极端反对党"使徒"或者费尔南多的哥哥唐卡洛斯所谓的"保王党"支持。在这样的情形下发生了查韦斯侯爵的远征，借此米格尔党人挑起了反对唐佩德罗斯任命的摄政的暴动。

查韦斯侯爵远征葡萄牙是许多不幸的源头，而这起因于费尔南多控制的小集团。

弗里德里希：有道理。不仅如此，而且他们不听从那些大国的明确建议，不服从命令。

卡尔：你不会断言人们对唐佩德罗斯（Don Pedros）的政治体制是持欢迎态度的吧？

弗里德里希：当然不。不过，这一政治体制自此以后对于造福葡萄牙是适用的吗？此外人们还想，如这里所说，给它时间，让其发展天性；我承认，在我看来，它必将因其缺陷而毁灭。然而我不认为这样的敌意有多么危险。正是在这段时间，得让其可能有的优点也发挥出来。人们绝对不会把费尔南多唆使的这种极具恶意的暴力称为善举。

卡尔：你还提到了法国。

弗里德里希：对查理十世不顾一切告诫所犯的错误①的描述，带着真切的优越性和透彻的洞察力。事到如今我们必须把这位君王的不幸归结到这些错误上：他把自己封闭在一个狂妄的宗教团体的狭小圈子里，使得法国仿佛重新回到异教信仰；他没有尽力为自己赢得众法庭，尤其是巴黎最高法院的支持，议会好像只是一个任人随意摆布的工具，维莱勒（Villèle）只能无能地站在一旁受煎熬。

---

① 查理十世（1757—1836），路易十六世和路易十八世的弟弟，1824—1830 年的法国国王，于 1822—1828 年在当时担任法国财政部长的维莱勒的帮助下加速了复辟的进程。1830 年他通过颁布《七月敕令》，搜寻他的反对者并镇压他们。这样引发了七月革命，他本人于 1830 年 8 月 2 日被迫退位。

卡尔：这些弊病是不是在更深处呢：在这样动荡的形势下，革命意愿蓬勃发展，它们自然与旧的君主政体对立？

弗里德里希：所有的因素集中使然。当人给他的敌人们空间和权力以后，就会努力刺激他们压抑的愤怒，并使之自我孤立。那么这里所预言的情形就真的得以实现，即当他陷入第一个真正的危机之时，他得不到任何道德的援助，无能为力，尽管曾经手中的权力作用无比巨大。

卡尔：你今天真是一个出色的辩士！

弗里德里希：其他这里已公布的手迹不需要更多的解释。有谁能够比伯恩施托夫伯爵在报告[①]中表达得更加合乎情理，借此报告，那种在狂热中盲目的敌意开始汇集成这些手册？因此说，政府必须争取受过教育的人中的大多数；自愿和乐意提供的服从要求人们信服，政府不是考虑某个政党，而是为了普遍的利益行事。拥有宪法的世界得之不易，人们不可能对立宪宪法怀有仇恨！每一个认为在德意志的任何一个地方可以不用法律的手段进行活动的想法，都要予以排除。

卡尔：这样看来，你要证明你的学说，即在欧洲其实根本不存在那种两个敌对政党的对立。

弗里德里希：好感和反感是存在的，它们是通过事情的进展而引起的。但所谓诉诸武力的那种对立的敌意则是臆测。

---

① 克里斯蒂安·君特（Christian Günther，1769—1835），冯·伯恩施托夫伯爵，自1818年任普鲁士外交部长，在公文第15号第356页发表一份报告，提出这样的论点，即德意志诸小国由于奥地利力量的加强而被驱赶到普鲁士的怀抱。

卡尔：那么你怎样评价当前存在于奥地利和俄国之间的敌意[①]呢？

弗里德里希：我自己都忍不住要发笑：我今天真是左右逢源。如果人们对这种误解的热烈表现非常吃惊的话，那么他们一定对1828年的事情的状况很不熟悉。谁当时没有听到过以及差不多想到了就像现在读到的那种情形？这不过证明，大陆强权的联盟，首先俄国和奥地利之间的联盟，不会比利益更强大。没有人会坚决主张让利益在其面前退让一旁。在这一点上，甚至这份公文也是一份特别值得注意的出版物。这是第一篇引起欧洲关注的文章，它把内部政府的各种对立至少是无意识地概括出来，并且把政治重新引向它所属的权力和外交关系的领域。

卡尔：你真是说得太对了！别笑，我就像一个善良的年轻人，在过去的几年里围在歌德的周围，刚刚将与他进行过的谈话和盘托出。[②] 我也可以说：我很高兴你认为在我们每个大国里都有一个有效的、独特的、内在固有的原则，由它决定了国家的对外活动和内部构造，而且我要记住你的这种看法，慢慢去检验它。现在还是让我们暂时再一次回到那些普遍的问题吧。如果你允许，我还要向你提出一些异议。

弗里德里希：我会试着排解它们。

卡尔：为了国家，你占用每个人非同寻常的精力，你对此要怎样

---

① 奥地利与俄国的对立，由于1828年俄国袭击土耳其而在东方问题上展开。
② J. P. 埃克曼于1836年出版的《歌德谈话录》的第一部分。

回报他们呢？

弗里德里希： 我相信我没有这样说过，我描述了最好的国家；我只是试图去理解我们眼前的这个国家。实际上它不是占用了每个人的很大一部分精力吗？规定的义务占据了全部工作所承受的最主要部分；多少人投入了他们的财产，他们的青春年华，以准备效力于国家；在我们周围没有人能够免除兵役；纯粹的私人生活已不存在。我们的工作本身主要属于集体。

卡尔： 而个人又因为他的参与得到了什么呢？

弗里德里希： 在一个公正的国家里，参与本身就是他的报酬；他想的不是逃避，他认识到这是他必须做的事；对他来说，没有纯粹的私人存在；如果他不属于这个作为他的精神祖国的特定国家，那么他自己也将不存在。

卡尔： 但是我问你，这种自愿的付出与现世对人的索取程度相一致吗？

弗里德里希： 我丝毫不这样认为。我看到在有的国家，人民不情愿地、勉强地履行其义务，例如在意大利。这个国家与欧洲的需要相适应，从而提出了很强烈的个人和物质要求，可是不幸的是，它没有能够实现让人民自愿为它付出。人民感觉到被赋予义务是一种负担，他们认为自己被压制和强迫，便尽可能地逃避劳役。正因为这样，所以不能达到标志着真正国家的那种个人和国家志向的统一。恐怕由此最终会出现道德上的障碍，私人的行为也无法像它原本能够和该有的样子发展。我承认全都是这样的，不过这是一种弊病，是一种不正常的状况。

卡尔：你认为这种状况在有的地方能够避免吗？

弗里德里希：至少没有什么比之更迫切和更必需的，是要想到为此全力以赴。一个进步的大国的秘密就在于此。它在内心对抗的东西是它还未完全占有的东西。其内部政治的主要努力必须致力于把所有的部分团结成自愿的整体。

卡尔：但这是它可能做到的吗？

弗里德里希：这取决于，一个省份、一个地区的固有特性不被破坏，并且用解不开的纽带把它们与整体联系起来。

卡尔：那么在你看来，省份以及其他个体与整体连接的基础是什么？

弗里德里希：最终还是国家理念抓住了每个人，他们内心感受到同样的精神生活，把自己看作整体的一个成员并对它拥有爱，对集体的感情强于对省份的、地方的或者个人的个别感情。

卡尔：国家手中握有什么样的工具来实现这些呢？

弗里德里希：现今每一个国家权力都必须是亲善的，它的力量总归基于符合所有人的普遍福祉。它还必须证明它做的方式是正确的。它必须使人们认识它，使人们知道它做的是什么，使每一个人了解，它的事务只要是与普遍利益相连的，就会得到比以往任何时候更好的执行。只有战胜了这种抵触，那种隐藏于内心的团结的原动力才能在短期内把握住所有人。强制义务就会升华为自发行为，戒律就会成为自由。

卡尔：即使在平常的日子里，你也会要求爱国主义。

弗里德里希：爱国主义必须得到维护，以使在非常时期不会缺少它。从某种意义上说,它必须成为行动的准则。

卡尔:你把整个人类都当成了政治的产物。

弗里德里希:我坚信,个人素质的发展不是取决于他参与宪法的形式,而是取决于他参与公众利益的进展和参与公共事业的真实情况。

卡尔:那么,直接的、正式的参与,共同协商、共同决定,你就不要求吗?

弗里德里希:我不否认这可能是有促进作用的,但从我们的经验来看,你得承认,这也并不是普遍的。我自己也担心,它不会是一概适用的。在我们君主政体的精神中,有与它相违背的东西。

卡尔:我很想知道你在哪里找到了我们君主政体的精神。

弗里德里希:我们不想太深入地探讨,否则我们必须研究太多的政治、法律以及历史的关系。但是为了继续讲治理这个话题并给你一个答复,我要说,君主政体形式的意义是,把合适的人放到合适的位置上。

卡尔:你不得不承认,并不总是这样的情形吧?

弗里德里希:具体实施取决于各种各样的情况。但意义和趋势总是这样的。

卡尔:我又担心,你在庇护专制主义。为什么不该尽可能地让每一个人参与到共同协商中来呢?为什么人们就该卑微地服从呢?

弗里德里希:你记得柏拉图说过,不是所有的人都得做所有的事情。人的行为有数不清的分工,大自然的神奇秘密即在于,它一直为每一种工作重新创造出它的才能。普遍的利益需要每一个人做他分内的事情。当人们向诗人抽取什一税，却一点儿都执行不下去的话，那么他们就会除掉他。这是公共事业的优点，存在着私人行为，这些行为尽管充满了国家的精神，但并不由此妨碍它们去控制它。

卡尔：你在避免触及服从这一点。

弗里德里希：人们有时说起来好像某个异类挤进了政府。但我问你，那些统治者，那些管理者，他们到底是些什么人？他们不是直接从民族群体中脱颖而出的吗？我不理解它怎么能伤害到这种自尊心，我想说，当亲戚中有一个人投身于工业，另一个人投身于商业，第三个人博学多才，第四个人从事农业等等，然后某个人从他们当中脱颖而出，进入政府，他最终照料的是其他人的公共事务。达到这一步，就耗费了他足够多的辛劳。统治不在于命令，而在于能从中得到狭隘的虚荣的满足：娴熟地处理公共事务是一门艰难的艺术；没有天生的才能、教育准备和长期的实践，就没有人做得到；与其他的谋生职业相比，这也许是所有当中最难的；它同时要求对现存事物有最深刻认识以及精神的完全自由，以使尚未存在的东西成为现实。人们把这托付给那些懂得它的人，你认为这是一种不幸吗？这是从整个民族中挑选出的一批最灵秀之人，那些自我修养出众的、有能力的人。

卡尔：可你总是会拥有这些值得人服从的人吗？

弗里德里希：永远完美无缺的本性保证了这些人的存在。只是取决于：要发现他们。

卡尔：不过，限制人因其权力而自负的倾向，这也是必要的。

弗里德里希： 就算人处在最高的地位上也不能支配一切。在许多更深层次的领域中，人们所期望的无非是活力的迸发。我也不是说这种形式本身是完美的，它可以千变万化。但拨云见日，这种制度基于事物的本性，符合我们君主制的思想要求，能够拥有最好的发展前景。

卡尔： 对于公民个人，你就要求他们基于善意和"这是最好的办法"的信念而服从。

弗里德里希： 这种自愿带来许多成效。从更高的视角来看，个人的志向和公共的志向紧密相连，个人的努力在公共的奋斗的进程中得到促进和推动，公共的福祉来源于个人的福祉。在每个人身上必定存在着国家精神本身。

卡尔： 你说这是必定的，然而实际上它在许多人中并不存在。

弗里德里希： 一个国家对其成员心灵的影响，得视情形而定。这里也有程度和阶段。

卡尔： 你这里倒是触及另一个我想问你的问题——你怎么能够估计出程度呢？按照你的观点，所有的国家不得同样出色吗？

弗里德里希： 仅仅在思想的范围内是这样的，我们把它归于神的起源，但不是在这一思想的贯彻中，即，不是在它在世界上的表现中。

卡尔： 生命与生命之间有什么样的等级？

弗里德里希： 让我们打个比方。我只看到健康与疾病之间的不同。一个健康的身体拥有它所有的力量，四肢健全，丝毫感受不到外物的影响，或者它可以毫不费力地应对这些影响。一个患病的或孱弱的身体就会遭到外物的侵袭或者必须屈服于这种侵袭：它不是自己的主人。一种健康的政治生活使国家的所有成员得到满足。这一定根植于它的准则当中。周边崩塌的世界的党派纷争，尽管当然波及它的边界，但不会因此触动它的内部。如果人太过真切地关心邻居发生的事情，他就会腹背受敌而自顾不暇。

卡尔：就这方面来说，国家也是有可能变得越来越完善的。它容许进步。

弗里德里希：只是容许？它是一个活生生的存在，按照其本性，它是在不断发展、不停进步的。

卡尔：朝着哪个榜样，哪种理想？

弗里德里希：每一个生命自身都担负着一种理想：精神生活的最内在动力是向着这种思想、向着更加优秀而运动的。这种动力是它与生俱来的，是根植于它原初的。

卡尔：你不会否认阻碍、过失甚至倒退常常会出现吧？

弗里德里希：这是人之常情，又怎会没有呢？但人必须不因此而丧失勇气。只要人是健康的，那么这些都会瞬息即逝。

卡尔：我还是不能看到怎样能够使这些不带来损害，因为你的政府没有名正言顺的平衡力量。

弗里德里希：尽管如此，存在着一种不会被轻易消除的共同本质的精神。它会受到遮蔽，但是只要还存在些许生命的力量，它就会再度脱颖而出，保持优势，最后统治一切并裹挟前行。此外重要的是，普遍的利益是个人记录下来的，并且在君主的自我意识中必然装成他自己的事情。

卡尔：但是你为何不理直气壮、直截了当地表述这种共同本质的精神呢？你为何闪烁其词，拘泥于形式呢？

弗里德里希：赫拉克利特说过"隐蔽的和谐胜于公开的和谐"。你也不必误解我。我不排斥那些形式，我希望它们无论在哪里，都能发挥作用，得到很好的发展，但我不认为它们是完全必不可少的。我相信，还具有另外的一些机构，它们甚至能更好地服务于公共精神。

卡尔：你认为内部的团结一致好于一切契约的形式。

弗里德里希：在本性上属于一个整体的人们不需要这个。父母与孩子之间、兄弟之间以及家庭的成员之间不需要这种契约①。

卡尔：我还有一件心事。你给予你的国家这么多的精神统一的属性，你要求的奉献是这样彻底，我恐怕你这样会侵犯教会的领域。

弗里德里希：我不必去考虑它。政教分离由来已久。教会把人们联结成至高、至上的集体。它当然制定了人们行为的不可变更的规范，即这个神秘的集体——宗教的规范。它尽量远离可能伤害自身的一切。但这也正是其性能的局限。好在它对世俗事物没有影响。它从世俗效用中获得的东西，会从精神效用中流失。国家机构于它而言，是毫无直接关系的。

卡尔：但是它们两个都是具有精神的本质。它们之间的界限又在哪里呢？

弗里德里希：教会的精神肯定是适合于全人类的普遍精神。按照

---

① Konfarreation，古罗马人结婚时遵循的传统宗教仪式，现通指正式缔结的条约。

其本性来说，至少每一个本性都是普遍的。相反，国家理念如果想要覆盖全世界的话，会被消灭；国家是很多的。国家精神尽管带有神的色彩，但同时有着人的推动。这是一个比较有局限性本质的集体，在其之上漂浮着那种更高层的、条件更自由的集体。

卡尔：我想现在能够大体理解你的思想了。国家是精神的客观实体，是必要的，并在思想上互不相同。宪法的形态和各个组织机构是人类生活的一般必需品，但由于理念的不同而形式不同，却只有通过它们才得以实现，因而它们是必要的而且也是不同的。个人生活与公共生活在一定程度上是一致的，个人生活也依赖于主宰国家的思想。这些各种各样的精神生活的产物从属于至高的教会组织。

弗里德里希：但是也要全面地看待这些客观实体！这么多单独的世俗精神的集体，滋生于天赋和道德的力量，锐不可当地不断发展壮大，在纷乱的世界中凭借内在的动力向着理想迈进，各有各的方式。看看这些天体，在它们的轨道上，在它们的相互作用中，在它们的体系中观察它们！

卡尔：今天就到这里吧。我已经听到从庆典返家的车辆声。那些困扰我的疑惑，我们以后再谈。

弗里德里希：我还意犹未尽呢。不过谢谢你接受了我的观点，而没有从一开始就摒弃它。这真令人欣慰，并使我们惺惺相惜，我们心有灵犀，志同道合。

历史与政治的关系和区别

[1836]，见：《论文与试笔》（=《全集》，第 24 卷），莱比锡 1872 年，第 280—292 页。

Über die Verwandtschaft und den Unterschied der Historie und der Politik [1836], in: Abhandlungen und Versuche (= Sämmtliche Werke, Bd. 24), Leipzig 1872, S. 280-292.

这篇文章是兰克 1836 年应聘柏林大学历史正教授时用拉丁语所做的就任演讲的刊印版本。其题目也是由兰克出于他作为《历史政治杂志》主编的角色而尽可能选择的。兰克将历史科学的任务与认知范围同政治认知范围区分开来。他为史学争取利益和传授知识，为政治拟定实际行动指南。史学工作已经开始全面关注各个国家的历史，政治还必须一直局限在一个单独的国家之内。政治需要的是历史知识，因为知识确保了政治的根基。历史本身为政治确定的唯一可能性，是在未来的实践中实现的。

1836年就任柏林大学正教授的演讲[①]

众所周知，尊敬的听众们、亲爱的同学们，在我们这个时代，人们致力于对国家政体进行摧枯拉朽、脱胎换骨的改变，这已成为主导的氛围和趋势。我认为，这种渴望开始于两方面，一方面对我们先辈的那些机构设施感到厌恶，因为人们认为它们已经远远偏离了其初创人员最初的基本思想，但另一方面也涉及某一个关于最好的国家形式的先入为主的观点。我不知道，这一形式是怎样几乎以一种自然的必要性征服众位心灵的，依据其规则各国家政体全部或者逐步引入它，并认为是最好的。若说只有那些无知与邪恶之人才心中渴望革新而选取这条道路，这种说法是不对的；反而是那些很优秀的、热爱祖国并享有荣誉的人们，他们持有相同的观点，或者他们从一开始至少就没有谴责这样的观点。然而令人惊奇的是，成果不是出自人们所期待的杰出人物与思想的这种普遍思潮。还有多少国家没有因这种狂潮而变得混乱与动荡呢？我们的确看到了，正是由于执行了这种计划，人们以为可以提高聪明才智和道德水准，却使得自己完全盲从并且犯罪。是的，我们看到了，值得称赞的想要改良差的和错误的国家形式的热情，变成一种法治混乱、公开暴乱，最后变成放肆和发狂，去推翻和颠倒一切。从而形成一股风暴，这股风暴致使国家的思考者不能凭借智慧来策马揽缰，并且不允许他们按照既定的计划驾驭航船。人们自己有能力思考与认识：

---

① 原文为拉丁文，由兰克的弟弟卡尔·费迪南德·兰克（Karl Ferdinand Ranke，1802—1876）翻译为德文，兰克将译文收录进他的《全集》中。

什么有益，什么有害。幸运的是，他们从阴云密布、狂风暴雨和惊涛骇浪中被发现并救了回来。一个人所向往的自由，有时会变成一个可敬的人最厌恶的奴役，变成一群愚昧与残暴的人的统治。人们要问，从不幸的变革事件中应该出现哪种国家形态，人们不会找到任何建立在稳固基础上的东西、任何可以保障安全的东西，哪怕只是承诺哪种是人类思想的真正教育与培养所需要的。是的，一个国家经历的思想和党派纷争的动荡和分裂越多，它身处的运动就越剧烈，一直持续至今日。为了同维吉尔（Vergilius）对话，它在激情的熔炉里经历着反复熔炼。公正与健康之物愈发少人问津。这就是今天人类的处境，当某个地方出现思想冲突时，它也会突然侵袭并毒害本来比较平静的人民。有时我们感到害怕，一系列的不幸事件会死灰复燃。

我不怀疑，尊敬的听众们，你们之中大多数人探讨过原因，为什么这样合理的希望和期望很少得以实现。每个人都明白，这些原因形形色色，每个国家各不相同，非有细节不能言明，并且非对我们这个时代有完全了解之人不能言明。但有一个原因，一个很普遍的原因，被常常与其他的相提并论：关于这个，如果您愿意倾听的话，我今天就一吐为快。

有人说，史学不仅是革新者们不曾听说过的，而且是被有意忽视了的：如果他们尊重了历史的规律并注意了连续发生的一系列事实及其必要性，那么一切都会好得多，并且会得偿所愿。

这个理由尽管身披真理的外衣，但却不是毋庸置疑的。因为有不少人断然否认，历史能够或者必须为治理国家提供咨询。因为，通过历史了解过去的知识，它与当今国家的进步又有什么共通之处呢？国家宪法的创立与修正需要一门完全不同的科学。历史学在一定程度上通过证明其根源为根深蒂固的弊端辩解，然而它的治愈只能从在我们今天才出现的科学、政治的规则中借鉴。人类世代在不断进步，根本不应该提出别人在他们那个时代曾经做过什么的问题，而只应该问我们今天应该做什么。如果我们不敢相信自己的力量，并在尚未踏足的新道路上努力寻求更美好的新事物，那么人类的生活状况则是一潭死水或污浊的沼泽一般的悲惨景象，而不是奔腾的河流一般欢快而愉悦的景象。

确实要承认的是，不可否认，在国家治理中参考历史存在着很大的问题，更确切地说不只是出于如我所说的经常被引证的原因，而且主要是因为历史上确凿可靠的规章制度根本没有流传下来，以至于人们无从怀疑其真实性。这种对创新的强烈渴望难道没有渗透到史学当中吗？作家不断涌现，除了与他们的政治学说相符合的东西，他们在历史中既没有寻找什么，也没有找到什么。我们不无兴趣地看到，使国家陷入党派纷争的不同意见，也推广到了对事件的叙述和研究当中。人们争论着中世纪的本质与特征，争论着日耳曼民族最初的风俗与习惯，争论着古代著名人物的品德，最后争论着人类的起源与开端。史学远没有改善政治，相反它通常会破坏政治。

那么，该如何评判呢，亲爱的听众们？真的如有些人断言，在人类科学中没有什么可以被称为完全可靠和确定的吗？我们了解旧时代的事件及其历史，还是不了解它们？是否有可能确切地知晓它们的天性和本质，还是我们将对此永远保持未知？难道找不到任何东西，能将一个井然有序的国家与一个腐败的国家区分开来，将塔兰托政体与罗马政体区分开来，能将美德与邪恶区分开来？上帝会有预见！人类降格到了动物界，一切都被交付给盲目的机会游戏。没有人可以否认，大自然和神圣的天意让我们能够深入洞察幸福和不幸的根源，如同区分善规和恶习一样。没有人会说我们完全看不到以前各时代之间的差异。那么，亲爱的听众，您如何判断？您认为对过去事件的这种了解不包含任何与现在和将来的利益相关的东西吗？您会相信历史与政治之间没有紧密的联系吗？我无法想象这样的观点会得到您的认可。两者之间存在着怎样的关系，这本身就是个问题。尽管在当下提出这个问题不无误判的危险，但因其非常必要和有益，所以我斗胆对这个问题直抒胸臆，尤其是在这样一个亲善友好的集会上，我心无旁骛。那么我想谈谈历史和政治之间的关系，并将试图展示这些科学的界限是什么，它们在哪里相交，在哪里开始分离，它们之间有什么区别。

我们就从我们比较熟悉的史学谈起，可以说，史学的职责既不在于搜集事实并把它们拼接在一起，也不在于要人们去理解这些。不像有些人所认为的，史学仅仅关乎记忆，它首先要求的是敏锐的洞察力。不可否认，有人一门心思思索，从错误中区分出真实，从众多报道中选出最好的，或者说有人只是通过听说来认识批判的部分，并能够将其应用到历史知识理论中，都是多么困难啊！但这只是历史写作的一部分任务。另一个更荣光并且更为困难的方面在于，我们观察事件的原因和前提，继而还观察其后果和影响，我们明辨人们的功业，有些人由于走入歧途而身败名裂，另一些人凭借智慧功成名就。我们认识到,为什么有人成功而有人失败,什么原因使国家要么强大要么分裂。简言之,我们既要全面把握事件隐藏的原因,又要把握其公开出现的形态。这正是史学的宗旨所在。一方面像自然科学一样细致地描绘自然本质的形态,另一方面对更高的追求和对赋予世界本身及其各个部分和环节的永恒法则努力进行探索。然后遭遇到自然的内在较量,万物由此触发,史学亦是如此:无论它多么地努力,都是尽可能清晰、准确地揭示事件的顺序,还原每一个事件的底色和形态,这也正是它最重视的,然而史学并没有止步于这项工作,而是进而着手研究开端,试图触及引导人类生活的最强烈和最隐秘的冲动。有些人以为他们可以一飞冲天,达到这样的高度。他们搞错了,他们常常不拥抱朱诺(Juno)女神而去拥抱一片云彩,把措辞和空洞的风视为真理。但有些人由于以为他们的观点行不通,就在哲学学说或神学学说中寻求庇护,并依此塑造他们的史学。从这个错误中,他们或许不会明白,他们自己设定的目标总的来说在世界上不存在。(或者说)他们实现不了他们的目标,但这个目标是存在的。他们不能从这里赢得胜利的棕榈叶,但是有一天会有这片棕榈叶,依据贺拉斯(Horatius)的格言,在厄利斯(Elis)获得的胜利将在天堂般的幸福意识中陪伴他们返回家乡。但是在与那完全不同的另一条路上,容我冒昧地说,他们必须在这样的一条道路上前行。

史学出于其本质必须摒弃虚构的东西和空洞的影像,并且只容许确凿及可靠的东西,这就需要我们的思想既要谨慎又要大胆,因为它一方面要极其细致地研究具体事物并认真地避免错误,另一方面不能被形形色色的事物分散精力,而必须毫不动摇地追求最终目标。尽管在这一过程中不能一蹴而就,也无法包罗万象,但它处处都令人甘之如饴,神清气爽。因为抓住事件的核心和最深层秘密,从一个又一个的族群中观察,它们是如何成事的,力量是如何获取、增长并发展壮大的,能有什么比这更令人感到惬意和精神振奋呢?当人们逐步达到能够以充分的自信预料,或者能够借助于训练有素的敏锐目光完全看透彻,在每一个时代人类转向哪里、追求什么、获得了什么,又真正得到了什么,然后又会怎样呢,这仿佛只有上帝才知道。而这正是我们借助史学的躯壳试图进击的东西,它就是在对这种真知灼见的求索中推动自己。谁还会去问,这有用还是无用?能够认识到这样的知识属于对人类思想的完善,就足够了。

现在让我们来探讨一下政治:不管它是艺术还是科学,它都是国家治理,因此我们必须就它的概念先说几句。首先,容我冒昧地说,在国家中突显生命的延续性,这是我们人类世代所具有的。人终有一死,一个时代接着另一个时代,或者被另一个时代所取代,但是国家,它们远远超过凡人的寿命,享有漫长而恒定的生命。对此我们可以借用威尼斯的例子。自这座城市在亚得里亚海的潟湖上建立以来,我们看到它在同一条道路上坚持走过千年之久,与大海结为伉俪,一会儿运用计谋,一会儿使用武力,试图占领毗邻的国家,建立国家政权,保护人民,镇压贵族。成长、壮大、繁荣、逐步沉沦和消亡,贯穿威尼斯的历史,就仿佛追随并注视着一个人的生命的这一始终令人叹为观止的持续与更迭,历经不同时代。同样,弗洛鲁斯(Florus)不无娴熟地区分着罗马国家体制的某些时代。

在时间的长河中，这些国家自身也日渐消亡，不仅是那些必须忍受战胜者的规则和统治的国家，而且更引人注目的是那些战胜者、那些将枷锁加在他人身上的国家。自城市开始统治和管理世界以来，罗马国家既不能维持旧的城市法律形式，也不能保持自我。最强大的一方可能被打败，或者作为胜利者离开战场，会逐渐占据上风，并消灭较弱一方的特性，这是人类的天性使然。但正是通过这样，生命才没有完全遭到摧毁，或者某些东西才没有完全消亡。如果某些东西似乎没有走向灭亡，那么它只是与一个更加完美的团体结合并与之融为一体，从而产生一种新的生命和另外的一系列事件。它与前世息息相关，并向后与其前世的生命联系在一起。

我们现在要问，是什么使一个国家得以生存，正如我们所说的，这与人是没什么两样的，生命包含在精神和肉体里，但其余的一切都取决于精神这个更重要的部分。揭露隐藏的事物，证明灵魂及其行为、生命的较量与涌动，并将其冠以既定的名号，尽管我们没被赋予这些能力，但我们可以自由地观察眼前的事物，并由此通过思考，推断出那些渊源的奥秘。精神是手摸不到、眼睛看不到的：只有通过它的成果和影响才可以认出它。从对上帝的幻想中，有人妄想可以用眼睛看到它，这该属于哪一级别的愚蠢呢？然而没有人会怀疑，精神存在并且一切都以它为根源。

我现在来谈谈我已经着手论证的这件事情。我们看到，因为各个国家和族群，它们的范围或大或小，都是按照它们自己的、常常与其他族群不同的习俗，根据它们独特的法律和制度生活、繁衍，所以很显然，每一个族群都具有一个完全确定的、与所有其他族群不同的、单独的特征和固有的生活，它所拥有和所做的一切都来源于此。既然如此，就难免要问，治理国家的那些人有哪些任务和义务。现在如何呢，尊敬的各位听众？您的判断是，那些人会把他们的事情做好，那些人被某些诱人的见解困住，一切过去的东西都被看作过时的、不再适合应用的，而遭到蔑视和取缔。故而，他们不再顾及那些经过应用而获得威望的神圣的形式和法律，只想着革新。简言之，不了解国家的这些人要改造国家。在我看来，他们根本不是在履行他们的义务，更确切地说，他们不是在建设而是在破坏。让我们听听一个显得深谙国家治理之道的人说的话。"每一个族群，"西塞罗（Cicero）说，"每一个集合体，每一个为人民服务的国家，为了持续下去，都必须按照一定的计划进行管理。"这种看法和我们的看法多么一致、如出一辙。每个生命按照自然规律都逃避死亡和追求自我保存。那么，普通民众是智慧的这一主流观点在我们看来必然体现为，那些身居要职、德高望重并治理一方的人，把地方维护好、保持好，并把它带向日趋完善。关于怎样做到这一点，西塞罗在他的演讲中同时补充道："这个计划必须始终追溯到国家产生的根本原因。"这根本原因中包含我们所说的内在生命的较量和起源。正像一条船的舵手必须知道什么是战船和货船之间的区别一样，不是这样的一个国家的掌舵人是不允许坐在舵手的位置上的，作为一名舵手，他不只是要对所航行的海洋的性质，而主要是要对他的国家的本质完全了解和掌握。不具有这些知识的人，最好将手从船舵上拿开。否则正是他掌控的那些国家机构，会不可避免地腐朽，生命的气息会消散殆尽。是的，我想说的是，只有那个人能够从政治中脱颖而出,那个以他领导的国家体制赢得了最密切的关系和联盟的人。

到目前为止,尊敬的听众们,我们分别研究了历史和政治的责任是什么,它们的界限是什么。从中不难推断出,两者之间存在什么样的关系,它们之间的联系和差别是什么。

首先,两者的基础是相同的。没有一种政治不是基于对所治理的国家的完全和精确的了解。这种了解,若没有对以前所发生的事件的知识是不可想象的,正因为历史包含了这种知识或力求涵盖这种知识,所以显然两者在这一点上是联系紧密的。我并不是说,没有全面的历史知识就根本不可能有政治,因为人类拥有敏锐的理解力,这犹如自然天成。我的本意也不在于,向适合治理国家的人证实一种特殊的教育方法。相反,我考察的是事物的本质,很少关心是否一种精心获得的学识或者一种充满预言的直觉更适合达到我们所谈论的高度。因此历史的任务是,从一系列先前的事件中呈现国家的本质以及理解这一本质,而政治的任务是,在已有理解和得到认识之后进一步发展和完善它。没有对当今的了解,对过去的认识是不全面的;没有对先前时代的认识,就不能理解当下。双手相握:没有一方,另一方要么根本不存在,要么是不完美的。

然而,我不是那种认为任何新事物都不可能产生的人。从经验中我们知道,既然人类本性易犯错误,那么人类事物就谷易变坏。我们看到,为了让生活持续向前不停息,每天都需要进行新的活动,甚至狂风暴雨也可能是必要的。我们认为,政治智慧与其说是墨守成规,不如说是进步与成长。人类要成长得尽善尽美,还欠缺很多。如果我们不再为达到这个高度和巅峰继续求索,历史本身就已到达了其临界点和终极目标。

尊敬的听众们,这就是我所理解的历史与政治的相似与差异。两者都同时包含科学与艺术。从科学上讲,它们是紧密相连的,不过,一方更多地包含的是过去,另一方更多地包含的是现在和未来。它们在艺术方面的差异要大得多。历史完全与文学相关:其任务在于,把事件是怎么发生的、人类是怎么形成的,重新展现在眼前,并使人对此世代铭记。而政治则完全与行动相关:它力求通过国家的纽带使人们团结在一起,通过法律的智慧来维护他们之间的和平,通过自愿的服从来约束他们,简言之,引导他们在公共生活和私人生活中行善举。历史和政治的差异几乎与理论和实践哲学之间的差异相同:一方与学校和非商业人员相关,而另一方则更多地与市场、冲突和公共纠纷相关;一方在暗处开展,另一方则在光天化日之下进行;对一方而言,获得就足够了,而另一方不但要获得,而且要创造新的东西。

尊敬的听众们,我相信我听到了一些反对我的声音,他们认为政治的某些部分与历史毫无共同之处,但却是极其重要的,其中阐明了国家的自然法,不仅是正确对待耕种与森林,而且还有应该如何赚钱与花钱,应该如何管理城市、设立法院、制定与执行法律。事实上,我不想轻视一门富有敏锐感、真实性和实用性的科学,相反,在我看来科学对国家的必要性不亚于药物对人体,因为人类社会同样也具有自己的躯体。国家经济学向我们展示,国家的各个成员之间是如何相互交织的,将它们的动脉和静脉,还有呼吸和血液所在之处,展现在我们眼前,并教我们如何保持国家机体的健康状态，如何治疗和预防不健康的状态。更为重要的是，忽视它的教导危害的不是一个人，而是所有人，甚至会带来毁灭。尽管如此，这丝毫无损我们先前的阐述，因为第一点，历史学家对这些事物的精确和快速的了解，不会比政治家少多少，他所探索的事件的起因通常正是基于国家的这种健康状况；第二点，并且这是主要的一点，那门科学没有如此大的影响力和威望，以至于每个政治行为都要依赖于它。就像一个强壮健康的人，尽管他遵守医嘱，但决不拘泥教条、一味服从，以至于他整个一生都要按照医生的规定进行安排，而是将这种服从留给那体弱多病的人。一个健康明智的国家是这样的：尽管它依靠国家经济规律并默默地遵循，但绝不谨小慎微地故步自封，以至于除了规行矩步，一事无成；它从不对这些规律无条件地服从，对于规律，它高瞻远瞩，高屋建瓴，这源自内在生命的本能，与精神和心灵相关，简言之，使人类共享神圣的自由。

我们认为，在此处这两个紧密联系的学科有着另一个区别。历史学就其本质而言是包罗万象的。尽管有些人为了自己弱小的祖国、为了自己的国家殚精竭虑，不时偏安世间一隅，这些人与其说是受科学本身所特有的对知识的渴望所引领，不如说是出于某种忠孝情感，或者受一种本身相当难能可贵的鞠躬尽瘁之秉性所引领。这种渴望被一种信念所裹挟，即对这些人而言，没有什么人是遥远和陌生的，历史学涵盖了各个世纪与各个帝国的方方面面。政治的本质是完全不同的：它任何时候都关系到一个具体的国家，为了这个国家的利益而行事，因此它必然取决于国家的本性并且局限于一定的范围。毕竟，谁愿意去承担自己单独治理所有的国家的重任呢？懂得如何领导一个国家的人是幸运的。试图操纵国家这条航船的人不计其数，没有被迫立即又放手的，鲜有其人。因为这门艺术要求头脑的敏锐、天才的力量和内心的勇敢，去发现并通过思索去探究，容我斗胆妄言，在所有艺术中，不管是哪种艺术，这是最难的艺术。

那么就让我们回到当初出发的地方。在那里，18世纪的哲学家们误以为，他们臆想出了一个必定支配一切的普遍学说。他们回避通过持久的研究工作认识具体的事物。不可否认的是，这个学说抓住了对长期以来出现在许多国家中的公共关系的腐败现象的这种反感，因而哲学家们坚信，一切都必须按照最好的国家形式的蓝图进行改造，给各个不同的民族制定一部相同的法律，并且提出一个共同的国家形式。于是，哲学家们就试图做一切可能的事情。他们首要追求的功绩，是去动摇、拆除、摧毁自古以来存在的制度设施；他们预言，由此一个共同幸福的开端、一个黄金时代的回归可能随之到来。但他们很快就自己认识到，促成人类社会建立的事物的萌芽与开端，其运动发展并非一帆风顺，而是在纷争和冲突中进行的。他们受到训诫，在国家中有一种特殊的性质特征，它尽管受到强权和暴力的压制，但不能被轻易地完全摧毁和消除。通过亲身经历的苦难，他们终于体会到了他们自己招致的坏人的贪婪和权欲。因此那些人士，即使他们净化了空气，也同时给人类带来不可估量的不幸，而且至今，正如西班牙所显示的那样，仍然继续给国家带来灾难。

现在，我要针对你们说说，亲爱的同学们。历史——我若干年来作为教师工作，并于今天以这样一个隆重的仪式接受这一教职——有着无数的向善之处,因此它值得推荐,尤其是,正如我们刚才所看到的,历史为健康的政治开辟道路并抵挡黑暗与蒙蔽,而黑暗与蒙蔽常常存在于我们这个时代甚至在最优秀的人物眼前。有些人一再告诉我们,由于手工业者和制造者的非凡技艺,由于各种教育向下倾斜至最底层群众,最终由于普遍的认知和人性到达一定程度,我们的时代超过了以往的任何时代,这是史无前例的,更无规律可循。他们自我膨胀,毫不尊重他们的父母和先祖。另一些人则相反,他们断言,我们的时代是所有时代中最糟糕的时代,这个时代缺少虔诚、宗教、勇气和正义。是的,他们抱怨着大声疾呼,我们这个时代充满了弊病,以至于不得不对好转丧失信心。只有新的和闻所未闻的东西合他们的意,因为只有这个最符合时代的变化特征。相反有些人只认可经古代的权威所证实的东西,并且尽可能地遵循先人的足迹。然而历史教导我们,每个时代都有其自身的缺点,并具有其独特的德行才能,因此我们没有特别的理由感到悲观,或者骄傲和狂妄自大。我们还了解到,每个时代都有自己的使命,并预先确定好了,我们的时代也是如此,我们必须勤勉谨慎地去完成。最终我们认识到,人类的事务既不能由盲目的、不可回避的命运来引导,也不能由幻觉去驾驭,人类幸福的实现只取决于美德、理性和智慧。我要请你们在心灵中接受这门科学,亲爱的同学们;我们选择它给我们指出的道路,祖国告诫我们,古代与近代的前车之鉴告诫我们,最终事物自身的本质与必然性告诫我们,要选择这条道路。

自《威斯特伐利亚和约》以来的近代史讲座的导言

[1847],见:《讲座导言》(=《摘自作品与遗作》,第 4 卷),福尔克尔·多特魏希、瓦尔特·彼得·富克斯编,慕尼黑/维也纳 1975 年,第 185—194 页。

Einleitung zur *Vorlesung über Neuere Geschichte, seit dem Westfälischen Frieden* [1847], in: Vorlesungseinleitungen (= Aus Werk und Nachlaß, Bd. 4), hg. v. Volker Dotterweich u. Walther Peter Fuchs, München/Wien 1975, S. 185-194.

1847 年夏季学期 4 课时的讲座。导言手稿上的日期是 1847 年 4 月 27 日。通常引入正题以后,兰克会就历史科学的任务阐述他的观点。兰克秉持有神论观点,旗帜鲜明地反对黑格尔的"理性的狡计"观点及与此相关的对世界的泛神论理解。尤为特别的是,兰克在讲座开始引入的个人信仰表白。在关于古典时期以来的史学史概要中,兰克为形成历史研究基础的来源类别下了定义,并由此推导出"实际和理念的相符"。

自《威斯特伐利亚和约》以来的近代史讲座的导言

我不想说它是必要的，但它肯定对相互理解是有用的，即老师在讲课开始时对于推动他的学科发展的主导观点，表明他所采取的或他认为他应该采取的总体思想的立场。我们要特别考虑的方法不仅决定着讲课形式，而且对处理材料有着极大的影响。所以我也要对普遍历史的科学的观念先发表几点看法，首先讲述那些与我不同的处理方法。

传统编年史家的方法主要遵循表象。它试图通过时间、地点和更迭来确定过去发生的事实；追溯到最初的开始，一直到最新的事件，全部仔细记录下来，根据变化了的情形进行补充。有时它不过是收集成书而已。但它由此陷入了种种困境。流传下来的东西是不可靠的，事件的数量极为巨大，让人感到绝望迷惘。人们光是看到强国怎样打败弱国，直到又一个更强的国家战胜它并消灭它；直到我们当代的强权，情形同样如此。情景就如荷马史诗中所述：会有那么一天，神圣的伊利昂倒下。马略在迦太基的废墟上重蹈覆辙。穆罕默德二世在那一刻如何发抒，他征服了君士坦丁堡，他觉得一切都毫无意义，不论是他毁坏的，还是他建立的：他想念那只在阿弗拉西阿卜的房间里结网的蜘蛛。世上只剩下对万物的虚无感觉和对人类自我作孽的厌恶。人们看不到所有这一切为何而发生，所有的这些风流人物为何而生、为何而活，即使是内在的联系也被隐匿。

这时涌现了一批哲学家，在意义上不同于18世纪所盛行的——那时只有实用主义才被认为是哲学的，而如今远远自由得多，就像费希特以及更热情的黑格尔曾经尝试的那样。这种在近代形成的观点，建立在理性支配世界这一论断的基础上，它同时进一步解释，精神世界决定物质世界，即世界的最终目的是精神对其自由的觉悟，是其自由的实现。它首先表明精神的抽象本质，然后探讨它为实现其理念所需要的手段，并且为了不犯柏拉图所指责的阿那克萨戈拉的错误，后者虽然也声称理智统治世界，但只论及外部原因，而它是直接从具体的事物上证明其抽象的原理。它确定了精神发展的阶段：专注地沉浸于自然状态，部分地从其中挣脱，提升到纯粹的普遍性，或者如何在具体应用中进一步领会这些本质逻辑的范畴。世界精神的发展必须经历一个个人的奉献和牺牲过程。如黑格尔所说，它运用狡计的手段对付世界历史中的个人；它使他们带着狂热的激情去实现自己的目标，而精神本身由此产生。这里不是进一步探讨这种方法的所有细节的地方，但不可否认的是，即使对那不赞同者来说，这种努力也是极其伟大的，是一个大胆的、巨大的尝试（是的，如果我们尊重这个体系的创造者投入的力量），并且值得高度肯定。

但是现在，哪怕说它满足历史的研究，也不能这样说。就其本身而言，这一理论的产生与其说来源于哲学的思考，不如说是对已知事实的反映，这些事实平常得到较好的研究：的确出现过史学批判的最可靠结果遭到人们强烈反对的情况。

然而最主要的是，这种观点与个人意识的真理背道而驰，只有世界精神才能真正存在，它是唯一的实际操控者，那些最伟大的人物只是它手中的工具，他们义无反顾地去完成即使他们不理解或者不情愿的事情。从这个角度来看，历史其实就是一部未来之神的历史：就我而言，先生们，我相信那个曾经、现在和将来存在的人，并且相信个人不朽的本质，相信上帝永生人亦永生。

这两种观点形成讨论的对立双方：它们不断地互相挑衅，一方的不充足之处引起另一方的极力反驳；然而它们就像对立的事物相形相生一样，又是相通的。外部的测定、名称、数字、事实等，不过是外部硬加的图解分化。双方都没有进入材料的内部精髓。

在一定程度上用语言来表述这项任务，就是我们所称的科学：历史或史学。历史只是指代过去发生的事的名词；发生的事和对应的科学必须相结合。历史（ιστορία）起先是知识、认识——是什么，如亚里士多德所说，不是任何时候都是为什么，因此语言的误用也出现在自然历史中，它只是语言的直译；历史一词更多表达的是客观的关系，而史学一词更多的则是主观的关系；这样一来，事物上升到科学，而科学包含了研究的对象，它们彼此重合；或者更确切地说，它们的结合是一项伟大的任务。

我们看看这是如何得以实现的。我们有从最古老到最近年代的系谱、王位更迭的记录；古罗马人有他们的执政官编年史；象形文字以图像的形式向我们展示了流传的故事：这就是历史吗？这些只是文物古迹，无声无息，除非通过记忆和叙述，历史无法流传下来。因此在哈利卡那苏斯的狄奥尼修斯（Dionysius）之后，历史在希腊人中产生了。

在近代，人们极其重视诗歌与史学之间的相互联系，因此造成诗歌采纳了许多原属于史学的东西。这种东西的分离，才是科学特性的开始。

在掌握着大部分历史的哈利卡那苏斯的狄奥尼修斯之后,最早的那些史学家们大致有两种做法:他们收集公共文物,因为起初《圣经》被用于圣地以及世俗场所,他们这样做并没有取得多少收获;他们又加上一些道听途说的与这些文物相关的叙述。毫无疑问,这些都是神话的性质:东西只要在记忆中保留的时间长了,总会成为神话。希罗多德在叙述的基础上行动,这基础与他所处的年代相距甚远,再与古物和风俗联系,这就是第三种做法。

然而我们不可以认为这种做法只是与最早的历史有关:它还部分地出现在近代史里。近代有过多少这样的人物,我们对他们除了发布的公告外一无所知,当然对他们的了解比古时候要多一些,而与他们相关的故事或多或少却未获证实。

我想给你们列举两个人物,他们肯定与你们更加相关——弗里德里希一世和弗里德里希·威廉一世,这两位我们这里都会探讨:除了他们数不清的关于国家治理的文物和其朝臣对他们的叙述,以及对此的话语实录之外,人们对他们一无所知。由叙述和记录组成今天报纸基本材料的素材,形成了——如果报纸在一定程度上还算成熟的话——广为流传的编年史。其中已经有很多真正史学具备的东西,只是常常处在无意识的变形中,过去发生的事通过那些对此不甚了解的人和在流传过程中一直借助人的不同想象。有时古物和传说相互矛盾,特别是在没有文物时就已产生的传说中。

通过那些亲身经历或者完全知情的人的记录,我们如何能走得更远?修昔底德的历史写作的伟大功绩是,通过个人的专注,依据叙述的本质,以故事的形式开展深刻的叙述。他研究、传播在重大时刻看到的东西。他的方法可以应用于同时代的历史。他一直是无可匹敌的，因为从来没有这么多真正的天才、如此伟大的世界历史对象和如此普遍有用的空旷之地被发现。最重要的一点是，他并未扮演故事的主角。

那些具有自传性质的个人经历的记录，又具有另外一个片面的特性。我们在他们的个人经历中可以看到，恺撒过于低估了他残暴的对手，我们的弗里德里希有时对待自己不公正，但即便是他，也不能够完全看清他的对手，相反作为一个倒台的伟人，拿破仑在他的回忆录里采取辩护的立场并吐露由瞬间的妄想所主导的记忆。

我们现在拥有了这种可靠的记录，历史就能够摆脱单纯的传说，可以相当接近于它的使命。

这对中世纪史来说是幸运的，人们把它与世界史汇编联系起来同时进行了记录。例如，有时都是些见多识广的人在查理大帝宫廷里进行记载。否则我们将经常陷入完全谬误的境地。

对于近代，我们拥有大量的回忆录，在这些回忆录中，每个人都从自己的角度出发传达自身的经历和经验。但我们必须对他们进行非常谨慎地调查研究。一般来说，他们并不认为，他们的经历是非常重要的。他们在传达经验的时候，喜欢记录下道听途说的谣言，或者给个人的好恶留有空间，这样就导致了并非有意而是无意歪曲的后果。

然而对于近代，还有另外一种可供使用的手段，古代甚至中世纪对这种手段都知之甚少。商业书信往来被记录到档案中，它所涉及的常常是不重要的，但往往又是最重要的，然后我们就能看到这些商人的精神，看到他们的工作手稿，这样就显露出了与我们相对的、有目共睹的东西：天赋、狭隘、真诚和谎言，就像在日常生活中的一样。

我们有一些这样的报道，它们接近事实，并且担负着报道真相的职责，报道关于参与事件的人在事件发生时的消息。形形色色的人物描写数不胜数，互为补充。就这样，史料从钉在墙上的那颗钉子起，在近代得到了无限发展：前提是人们懂得去发现它，并且能够去使用它。

这就是为什么我们上面想到的两种方法更加不尽如人意。单纯的编年史记录大多只是某个开始，哲学的推论几乎完全不能够获得应用。它更多地出现在带有哲学性质的政治要求中。

你们会承认，随着我们越来越深入过去真实发生的事的内部，我们能够得到对历史事件更加生动的见解；你们也会反驳，我称之为哲学观点的使命不会由此而完成，我们还是没有由此获得关于几个世纪以来的普遍运动情况的理念。

我们看到了，过去发生的事怎样在观点中得到体现，什么是尤其属于近代的东西，以及在哪里有可能回忆起那些人物和事件。

可是现在出现了这样一个问题：通过这种方法是否可以获得世界历史，可以获得对于在时代进程中发生的事件的观察？

一时间形成了所谓的实用主义的思维方式，人们从原因推导行为，从相互联系中推导出事件的发生，对于人类事件的发展过程，这种思维方式是极其重要的。

但是如同这里也要从个体性上升到普遍实用性的观察一样，人

自《威斯特伐利亚和约》以来的近代史讲座的导言

们利用了前所未有的共同合作力量。谁能够否认几个世纪以来精神的不同？尽管人还是同样的人，但却以根本不同的思想观念出现。精神是个人难以超越的。我不想说这些共同合作的力量绝对是精神属性的——最大的力量总是作用于普遍的世界形势，即作用于通过人们共同合作而产生的趋势——但是他们通过精神的途径产生作用，他们用构成他们生活的普遍愿望填充精神。有人会问，是否我们也能从中认识到超越个体性的普遍性呢？我不知道古人是否同样尝试过它，对此他们没有足够的经验，它是近代历史的一项使命，但我不怀疑这项使命是可以解决的。

即使只是普通的轻微活动，也不可否认它们必须是可被感知的。我们必须能够辨别不同世纪的不同精神实质。但是在一个时代可能发生的事情，也必须在几个或者所有时代都是可能发生的。如果我给已被确认的那些世纪排一个次序，那么就其所涉及的范围而言，它们足以构成世界历史。因为一个世纪又一个世纪相互承接，从而几近形成人类精神及其普遍发展的历史。

但是必须补充的是，即使事件的伟大发展过程，也远远不是精神本身的进化。与各个世纪一样，一切都以事件的伟大发展过程为基础，这些事件是相互关联的，有着自身非常物质的力量，并且仅来源于现有生命力的相互作用。

在大的国家合作组织里，普遍的、被阐明的、客观的并昭示于世的精神的每一个倾向都显露出来，而精神也在其中得以自我实现。

如果单纯的精神运动决定一切，那么这并不取决于单个的精神。从精神的本质来说，一切都可以得到解释、推导，甚至未来可以确定。那么也就不需要史学研究，它似乎只能作为哲学思想的检验和证明。

但世间的生命本质上并不是纯粹精神的，我们受到生存条件的束缚。在这方面，似乎我们把人摆放得过低，但同时又把人摆放得过高。人与神的联系不仅在运动中，他不仅是未来之人，而且通过宗教与道德，他每个时刻都是现在之人。

尽管个人非常可能被事件发展的巨大进程所支配，但如果他为这一事件的发展做出贡献，那就是一项伟大的个人功绩。有许许多多与人类事件的进展无关的行动力和品德。精神的内容伴随着同样跨越几个世纪的事件的活动。只有同时具备事件发生的过程与精神的关联运动，世界历史才存在，这是显而易见的。在我看来，可理解的历史是真正的历史哲学。趋势也不会走得太远。

但这能实现吗？我不敢冒昧断言它已实现，但为了把我的概念表达得更清晰，我想尝试对近代的不同年代进行区分。因为正是在年代里，事实与思想的重合显现出来；同时年代也显示了人类存在的各个阶段。我想这样做，更因为它同时构成我们课题的导言。

古代世界的历史讲座导言

[1848]，见：《讲座导言》（=《摘自作品与遗作》，第 4 卷），福尔克尔·多特魏希、瓦尔特·彼得·富克斯编，慕尼黑／维也纳 1975 年，第 198—208 页。

Einleitung zur *Vorlesung über Geschichte der Alten Welt* [1848], in: Vorlesungseinleitungen (= Aus Werk und Nachlaß, Bd. 4), hg. v. Volker Dotterweich u. Walther Peter Fuchs, München/Wien 1975, S. 198-208.

1848 年夏季学期 4 个课时的讲座，对理解兰克世界史开端的构想具有特殊意义。与撰写历史开端的普遍观点相反，兰克的观点是在世界历史本身的意义中首先以"族群的相互接触"开始撰写世界历史。与他力量均势的和平构想相对应的，是一种历史的情形，族群的接触不会导致单个族群的灭亡。这样，他才认识到要开始撰写埃及、西南亚以及希腊－罗马历史，在兰克撰写近代史的狭义理解中，依旧保留着世界史。如果他不表态，人们一定会认为基督教的形成，特别是在宗教改革中的决定性事件，是兰克描绘"世界中上帝计划"的前提。

世界史的第一部分或者世界古代史[①]

时代动荡不安，使人们的注意力主要集中在当前的利益和问题上，我不知道讲述刚过去不久的那个时代是否适宜，不过讲座的进程终将使然。可是我担心科学不可或缺的沉思会因而遭到破坏，因为科学要求精神集中于它所研究的纯粹的对象，并且自新的世界史运动出现以来，即使是最古老的亦触及了最新的，并对此大有启发。若其中的参与者欠缺了普遍性，那么他也许会更加深刻亦更加坚定。

让我们首先对我们关注的世界历史以及我们首先要研究的古代史明确我们的立场。按照这个词的意义，世界历史包括事物从它的开端以来普遍的形成史，至少自然科学使得一门学科诸如天文学和地质学的进步成为可能。长期以来我们对这个词的理解，习惯于它只是地球上人类的历史。这也是一门科学，在范围上不可度量，同时在深度上不可测量。

为了测量这个范围的外延，只把握此时此地我们全部存在的瞬间算不得什么，与在各个地点拥有无数这样的时刻的过去相比较，历史必须完整地认识它、描述它。各个族群和国家的历史必须像一本打开的书那样摆在世界历史的面前；它必须从最遥远的年代降到当前的年代，它必须记录下所有值得注意的人物的姓名和生活方式。在这些史书中，在这些世界编年史里，只需提及某事发生的时间，

[①] 1848 年夏季学期讲座，4 个课时。兰克在他的讲座上从古代着手，来为他的"世界史"讲座做准备。第 27 卷第 7 页的 1877 年 9 月 18 日的口授"普遍史概论（大多是以前的讲座）"，除了文体上的改动，与这里的导言是一致的。

一切都必须能够找到。

但它必须同样的深奥，正如它的广博一样。民族之间的关系，它们的语言、宗教和公民制度，还有事物的进步与衰败，都必须求证，如人们所说，如果我们继续向上求证的话，还有人类世代的教养，上帝在人世间的计划。它必须包含外在表现，揭示内在本质；因为若没有一方面，另一方面只是一个空壳，没有核心，两者须同时并存。毫无异议，我们所求索的东西是神的知识本身的一部分。这个神的知识是真理，每一门科学都在寻求它。

可是如今所获成果寥寥，这不由得令人忧心忡忡。这一理想无法实现，原因很简单，因为我们缺乏方法。人类自我进化的生活历程，需要一段很长的时间，才为后世留下自己存在的遗迹，而需要更长的时间，才留下可为后人理解的文字记录。对这些进行收集、整理，并在此基础上重现过去的事，历史的科学本应依赖于此。

也许毋庸赘述，人类世代的历史只有当其通过自己的方式才得以被辨识的时候，才是并才能够是历史科学的对象，但必要的是，在此要坚持住，并且我们要从一开始就把握住自己，以免被庞然大物所迷惑，而掺杂进完全不相干的东西。

在所有的科学当中，我认为对史学来说，语言学是最不可或缺的。不仅是因为即便进行最简单的研究我们也不能缺少广泛的语言知识，或者因为语文学的意义构成史学的意义，这只在一定程度上是正确的，而且主要是因为每一种语言的内部发展过程的研究本身，以及彼此之间的相互关系的研究呈现出了史学最重要的成果。比较语言学是历史最重要的辅助科学之一，不比地理学少多少，但它不能被纳入历史的科学，只有它的成果能够被应用。

没有年代学，历史是不可能的，但对年代学进行的研究不属于历史，而是一门边缘学科，只是邻近的学科领域。

在我看来，人种学同样是这样的情形。我不会忽视中国和印度，因为它们在这方面的起源可追溯到遥远的过去，但我认为，在近代的通史研究中有一种滥用，即我们把来自落后很多时代的甚至通过近几年的观察而了解到的情况放到了世界历史的重要位置。印度人对历史和年代学知之甚少，最早的著作该归于哪个时期，从来不能明白地确定。中国人有着绝妙的年代计算，根据他们自己的记述，他们最早的历史书籍在第四个王朝时被毁掉，中国人在后来重修了断简残编。对他们的风俗和制度的描述属于人种学的领域，历史从中取材，而不会迷失于其中。因此大可不必采取纯粹的语文学观点，不但埃及人，而且希伯来人也完全属于历史的范畴，尤其前者，他们的文物古迹越来越为我们所理解，而后者的文学可以回溯到最古老的年代，展现了最重要的时刻。如前所言，主要是文字的流传构成了历史的范畴。

可能产生的问题是，我们是否太严格地限定了它，以至于它既达不到又不包括求知欲的目标对象。然而我认为，在各个族群历史上或真或假的文物堆砌中看世界历史，或者从他们各自记录的编年史中看世界历史，都是错误的。应在所有民族的共性中看世界历史。世界史的精神本质是一些与之完全不同的东西。它不是把各个民族的最初形成作为对象，因为对这些民族的认识没有现成的手段，而是把它们自身后天的发展作为对象，在一个族群征服另一个族群的大冲突中，产生更大的带有普遍影响的世界强权，命运就此确定下来。人类世代是存在的，但它没有互相联系和整体的意识，它几乎是史学研究的最重要对象：研究它是怎样形成的，人类的概念最初是怎样发现的，后来是怎样发展和传播的。

然而人类这一概念不可以理解为空洞的东西，如同消灭了民族性，消除了一切差异。罗马帝国曾做过极其卓绝的尝试，未能成功，而在它完成其使命之后，才激起了一种反应，从而给予了被压迫者重生。但是，如果不涉及普遍思想，就连单个现代民族的存在也是不可想象的。

世界历史最主要的任务是，描述笼罩着所有民族的这种精神的产生，以及民族间的关系。这不只是文化，至少不是表面的文化，不是科学，不是国家，也不是宗教，而是一种理念。这种理念包罗所有，与众不同又兼而有之。它本身不可能独自存在，不可能有一个族群是毫无特色的，它只能存在于拥有同样权利的民族之中，形式多样、千差万别却仍保持自我。我们不可以抽象地去思考它：它的生命是具体的，而且自身是完善的，否则它只可通过传授得以传承，就像其时天主教所尝试的；它常常分裂为不同的见解和利益，激起族群运动和巨大的战争；我们不须知道，但我们相信，它不会消亡；就像它存在于过去的杰出人物身上一样，它也将充实着未来。

人们一般有如下处理世界历史的方法。把整个历史的范围划分成三大块或者四大块，即古代史、中世纪史、近代史、现代史；其中的每个部分又被划分为若干时期，比如划分为居鲁士时期，划分为亚历山大时期；按照这些时期划分不同族群的历史；再为这一宏伟专著填充上越来越多的姓名、数字、记录。

在你们看来，对于世界历史的理想内容来讲，这一做法似乎是在贬低和轻视，其实不然。划分是必需的：如我在近代史导论中所作的阐释，这些划分也是基于事物的本质。第一个划分阶段正是我要尽可能向你们阐明的。继续进行深入的研究，抓住每一个细节，是绝对必要的。

只有进行全力以赴的研究，我们才能认识、观察和看透每一个结果，才有望充分地领会那些理念。另一方面，只有我们提升自己，纵观全局，我们才有望把握每一个在其原则和其生活里参与到整体生活中的个体。只有努力研究，我们才能产生一种对生活的直觉和概念。如同泉水从岩石中喷涌而出。审阅、收集、理解书面流传下来的古物，是史学家的工作。世界历史运动之处，是书面记载和历史本身的开始。

人们声称希腊人和罗马人中没有普遍历史史家，这不无道理。在我看来，我们所谓的普遍历史的总体构成源于尤西比乌斯（Eusebius，公元4世纪）或尤利乌斯·阿非利加努斯（Julius Africanus，公元2—3世纪），后者是前者的基础。以前囊括在内的一切，根据的都是从马其顿统治世界以来流传下来的东方学说与古典历史写作相结合。因此，其著作被视为最重要的世界史学的庞培·特罗古斯（Pompeius Trogus），写的其实只是"腓力的"，即带有其他族群插曲的马其顿王国的历史。现在逐渐成为普遍学说的东西，被尤利乌斯·阿非利加努斯和尤西比乌斯与摩西文献中传播的事实联系起来，从而首先获得了普遍史的特征。所有的中世纪编年史都是续写尤西比乌斯或者希罗尼姆斯（Hieronymus）。其中一部续写是梅兰希通（Melanchthon）以卡利翁斯为名出版的编年史，对它进行整理并扩展，是自斯莱达努斯（Sleidanus）描述了四种君主制以来后世的努力目标。

可是错误在于，古人也有普遍史家，并且其中有些历史写作者声称自己就是。西西里的狄奥多罗斯（Diodorus Siculus）这样谈论希罗多德：他在相关的故事情节中几乎描写了整个世界。埃福罗斯（Ephoros）也说过相似的话。波利比乌斯（Polybius）也要求有一个普遍的概述，全面及整体地阐明事件的过程。狄奥多罗斯凭借他30年旅途中得到的文字资料写了一套历史丛书，他声称在其中描述了普遍的事件。

真相是这样的。记载一个民族自身的编年史或叙事短篇，还不是历史。中国和埃及的记载以及波斯的历史书籍，尽管它们是极其宝贵的，抑或罗马在古代编年史上的成就，都没有能够提升到一种自由的历史特性，因为作者所属的生活环境以及他的读者必然局限了这些。只有当外来者不再被仅仅视为敌对者、被征服者或者征服者，而是当他以平等身份现身的时候，这才能是历史。这就是希罗多德《历史》的价值所在，他在其杰作中承认敌人的价值，即使他不无对本国人的偏爱。对民族的历史来说，这个也同样是必要的。单单雅典的历史，还不足以吸引这位才华横溢的人，斯巴达的历史也不能，但在那场大战中，出现了两种力量并长期不分胜负，它激发了修昔底德的天赋。这种情形就像希罗多德为希腊人和波斯人之间的对立而兴奋一样。只有在战争中才会出现大规模的族群联盟或者族群个体性。我自认为，两位史家的特性不是因为他们所处的时代非常接近，而更多是由他们的材料所决定的。希罗多德只能听说其他民族的历史故事，不懂其语言，因而不能像他所希望的那样进行精确的研究。不同的是，修昔底德更接近他的事业，他可以并且能够做到精确而严谨，同时兼顾优雅和普世性。

德意志史也许可以写在天主教徒与新教徒、普鲁士与奥地利之间的斗争时期：对手彼时至少不占据优势，可以等闲视之；相反，叙述法国和德意志之间的战争，如在路易十四世，则需要兼顾法国和德意志两方，从而具有一种世界性。只有在这个意义上，古人才拥有了普世的历史。埃福罗斯是这样的，因为他在他的第八部书中记录了亚述人和波斯人的历史；波利比乌斯是这样的，因为他特别关注到罗马人的敌人——迦太基人。罗马人身上缺少这个要素，例如李维（Livius），他们顶多看到希腊人。我只想把世界史的意义归于其中一人，尽管他的作品是从罗马人的立场出发的，这就是公正地对待日尔曼人的塔西佗（Tacitus）。

让我们回过头来看。只有在相互的族群接触中，当一方并不完全受制于另一方，才会产生通史。值得注意的是，最古老的、真实的历史著作，推动了所有史学艺术的发展，那些希罗多德的缪斯们，承载着世界历史的趋势。它们不是我们所理解的世界史，但是它们像塔西佗的那些著作一样，散发着更多的世界史精神，远远多于那大多数担此名声者。

我无非希望我们身上能够留有些许这种世界史的精神，或者能够在我们的描述中体现一二。它是超党派的、可任意检验的、最可领会的精神。至于方法，我们将按照惯例，这次呈现的是古代历史。

我的意向是，在外部事件与内部制度两方面，都采取政治的立场，而不是老旧的和文学的立场。我们必须既要把握这些民族自身的过去，还要看到它们之间力量的相互试探，双方如何相形相生、密切相关。只有内在的东西才能显示矛盾的可能性和意义。首先，我们要掌握文化的起源和发展，它始于微末，渐渐如一场风暴一样，席卷了世界历史中的各民族。

中世纪史讲座导言

[1855]，见：《讲座导言》(=《摘自作品与遗作》，第 4 卷)，福尔克尔·多特魏希、瓦尔特·彼得·富克斯编，慕尼黑/维也纳 1975 年，第 255—261 页。

Einleitung zur *Vorlesung über die Geschichte des Mittelalters* [1855], in: Vorlesungseinleitungen (= Aus Werk und Nachlaß, Bd. 4), hg. v. Volker Dotterweich u. Walther Peter Fuchs, München/Wien 1975, S. 255-261.

1855/56 年冬季学期，兰克开设了这个 4 课时的讲座。讲座导言的题目为"历史上的进步概念"。导言紧扣《历史上的各个时代》讲座的题目，特别是对兰克而言棘手的进步主题。人们可以想象，首先这是唯心主义的（黑格尔的）和唯物主义的（孔德和马克思的）进步模式，这是浮现在兰克面前的景象，对此他提出了三点不同意见：第一，许多民族还处于"原始状态"；第二，曾经有教养的民族后来处于野蛮状态；第三，进步的概念未能用到思想的成就上。所以进步不是普遍的和不可逆转的，它是不能应用到各个方面的。兰克明确地面对"泛神论的"世界观。

作为导言的前言，我们先来讲一个最令人感兴趣的普遍问题，即人类世代是否处于进步之中。

我们在此不考虑造成所谓的进步与倒退的政治利益，这在政府的某些措施中可以看出些端倪；我们将上升到更高的普遍观念的立场上。

但是我们也不去探讨这个问题的哲学宗教方面。可以这样去设想，或者已经这样设想过：人类从一个已存在的原始状态开始，向前发展达到某个目标，然后对此就提出了争论——这是通过一种至高的、主导一切的和预先确定的意志而发生的，还是出于一种人类本性的内在必然性？

倾向于后一种设想的想法，尤其占据了我们这个时代的思想家的观念，它与盛行的泛神论趋势相关，因为人类将成为未来的上帝。与之相反的是至高无上的宗教本质，因为它使一切都依赖于天意的直接指引，它喜欢制定这样的目标，即一切都应成为一个牧羊人和一个羊群。单单这些思想就已使世界分裂，但它们还包括了其他一些最深奥、最难解的争议问题，从哲学的角度来看是与必然性和自由相关的，从宗教的角度来看是与上帝预定的和自由意志的范围相关的，千百年来人们都没有找到解答。这些探讨属于另一个领域，最终对此每个人都会形成一种自己的观点，或者也许通过更彻底的反思而形成一种信念，这与其思想和行为的全部内容有关。

我们在这里坚持历史的观点以及对重大事件的观察。我不想建立一种详尽的学说，我只是想回顾一些无可争辩的事实，并请你们与我一起去思考它们。

发现了很多反对普遍进步假设的争论

1. 有许多绝大多数人仍处于原始状态的民族。或者像那些美洲的民族那样，它们已在与"文明"的初次接触中消亡了。至少得说，这个大运动不断缓慢地向前进行着，而与之相悖的都遭到毁灭。

2. 此外一些曾经有过文明的民族，渐渐地重新沦为蛮族。谁不知道近东各族群在历史的开端显示出多么大的兴盛？希腊人的影响，更有甚者，罗马人的影响瓦解了他们最初的力量和强大。然后阿拉伯人来了，使他们臣服于一种突出的但狭隘而偏激的原则。最后是蒙古人和土耳其人，用他们的马蹄践踏了所有文明。在这里却表明了历史的真实与理论的假设恰恰相反。彼得大帝曾说过，文明从西方推向东方，而又重新由东方回到西方。但这更多的是一种地理上的循环，而不是一个真正的进步循环。

3. 再者，在人类的存在中，有许多东西而且也许正是最重要的东西，并不适用进步的概念。这些东西主要是诗歌中天赋的产物、直觉知识的产物和艺术的产物。不会有第二个菲迪亚斯（Phidias）、第二个拉斐尔；要想创作出一部比荷马史诗更好的史诗，是一种荒唐的想法；柏拉图之后不可能有另一个柏拉图，修昔底德开创了一种历史写作的类型，并在一定程度上将其完善。天才脱离了人类的概念，他与神有着直接的联系，他来自神。如果把一个人放在他所处的时代中管窥，就会贬低他的个体形象——他虽处于同一时代，却卓尔不群。

因此，道德存在在其深度的自主中是完全独立的。自真正的宗教在人类中出现以来，就可能存在一种理解、一种与其自身的承接。

后世的人们成为神的信徒，钦佩并模仿人类天才的创造。如果不是为了理解他们，人们为何要研究古代呢？

我们可以确定，从历史的角度去理解进步，它既不包括整个人类，也不会在文明的民族中持续稳定发展，也根本不适用于集约化生产。

可是，这种给予生活内在动力和给予每一代人一定满足感的概念，应该因此被摒弃。我们应该废弃它吗？——存在一种无误的伟大的[*内容中断*]。

它在道德、表达和形式的领域中扩展。宗教的传播是人类的一种进步，因为在其发生伊始，各民族都因此与神的显象接触。因此，我们必须把学校惯常安排的对古典形式的模仿视为一种进步，它在每一个新的时代中都能找到它的地位。

但是诸种科学，即使在开始时以完美形式表现出来，其本身也并没有达到完善。在多种多样的反应下，它们以调查研究的方式瞄准现有的认知客体，虽然非常缓慢，但总归重新回到正确的道路上来，不断向前进。对自然的认知已经发展到一个与之前多么不同的程度！古人所不了解的各类新的科学产生了。科学研究是一种不停歇的运动，并欣悦于它找到的每一条正确的道路。

人类在知识中自由徜徉，宗教直觉曾在世间出现，但必然以其时代的知识形式传播，人们把二者混为一谈。要想在《圣经》中寻找地球运动的理论或星系的规律，是多么愚蠢的行为。但人们同样也不能从科学知识的不断扩展和深化中得出宗教观念允许的结论。它只能通过附加物和掩饰得到净化，自身永远无法得到改善。

新时代基础知识的掌握，成就了从前令人意想不到的、难以置信的发展，它显示了不可估量的进步。物质利益领域是几乎不可能停滞不前的。

总的来说，这与人类生活的便利化相关：不仅便利了仍然要辛勤工作的每个人的生活，而且使整个人类世代从而摆脱了自然力所施加的限制。

因此，在各个方面，包括在既得经验的扩展或者知识的传播方面，尤其是在自然方面、在对自然的控制方面，进步是不可估量的。

如果我们要探究这个所谓的进步，那么就得竭尽普遍史的滔滔之河流，汇成对今天存在的一种发生学阐释（genetische Erklärung）。世界史也包括这点，但要广博得多。谁要是只看到历史与现在的关联，就不会理解它。它包含着源自过去而构成未来的、会被忽略的时刻。世界史发展的浩浩荡荡的运动只能在其总的大环境里理解。要理解它，我们就不能立足于当前的一刻，而是纵览全局。

各个时代共同建构了历史中的人类。如果我们想了解它们，就必须两个方面都关注：各个世纪中生活的多样性，以及生活永不停息的巨大变化过程。极其多样的发展注定了一切的生命和显象。因此我认为，神性在上面注视并关心着人类历史世代的整体。

对要描述的范围，我们要注意两点：每个时代的生命与本质，以及它们之间的关联。

那些最古老的民族消亡了，但是它们所创立的典范，它们所给予的动力，仍在继续发挥作用。可是既然一些民族消亡了，那么其他的一些民族现在又是靠什么或者一直靠什么保存下来的呢？这正是历史研究的主题。为何恰恰在西欧，在日耳曼和罗曼民族的起源中，人类世代文明的基础得以奠定并保存下来（这种基础看起来坚不可摧，而且是万物的基础）？

这主要是中世纪史的主题。古老的东方各族群不再是文明的承载者。经过持续不断的族群冲突和战争，西方形成了一个民族综合体，它吸收了这一文明，并将它传遍世界。

我是怎样理解中世纪史的内容的，我明天再做进一步的解释。今天我还想谈谈与我们思考的普遍问题有着最密切关系的一点。如果我们放弃普遍晦暗的、涵盖全人类的且同时泛神论的进步，那么在西方世界的强权之间会有着怎样的关系呢？他们只是一代人为另一代人做准备这样的一种关系吗？且站在对方的肩膀上？他们除了输送进步的价值外，没有别的价值了吗？一切都仅仅是迈向更高阶段的阶梯吗？

这就好像，我要把但丁的《神曲》置于高乃依和拉辛之下，把中世纪教堂的精美建筑置于伦敦的圣保罗教堂，甚至罗马的圣彼得教堂之下。即使在近代的几个世纪，进步的概念也不适用于道德世界和天才的产生。

在世纪的交替更迭中，不寻常的是它们时而青睐人类精神这样的能力，时而青睐人类精神那样的养成。有些世纪拥有艺术，有些世纪缺乏艺术。欧洲艺术最伟大的时代是15世纪末至16世纪初。17世纪末至大约18世纪70年代缺乏一切艺术的理念。如果我们问，这是由什么引起的，那么回答就是，整个的欧洲生活都处在变动之中，有的时期有利于艺术，有的时期不利于艺术。正是精神的氛围构成世界和谐的每一个瞬间，其中一切相互联系、相互制约。但不是每一种这样的氛围、每一个这样的时期都无所不包。我们也不可妄言，先前的存在又以更高的能级重现。就这样，许多事物周而复始，伟大和优秀的事物尤其不会以它们曾具有的形式重现。

每个时代都设定圆满的结局，这是一种不符合神性的理念。（时间在上帝面前算什么？）前代人通常都会被后代人超越，因而后者受到偏爱，前代人只是后代人的承载者，这种想法可算是神的不公。那么前代人只相当于后代人的阶梯，他们被剥夺了权利而成为附属，如果我可以使用这样的表达的话。相反，我认为每代人都与上帝有着直接的关系，他们的价值在于他们自己的存在。

然而所有这些又都被一种共同的、构成不间断联系的运动所贯穿。永久的、超越一切时代的事物以及与时俱进的进步，处在不停的联系之中，并且构成每一个历史时期。在它们的更迭中，存在一个通过因果关系而形成紧密相连的、密不可分的（我不知道是不是必然的）联系。

历史委员会备忘录

[1858]，见：《论文与试笔》。新版汇编（=《全集》，第51卷），莱比锡1888年，第485—491页。

Denkschrift für die Historische Commission [1858], in: Abhandlungen und Versuche. Neue Sammlung (= Sämmtliche Werke, Bd. 51), Leipzig 1888, S. 485-491.

这篇文章包含几份专题报告，这是著名的史学家们于1858年9月30日在根据兰克建议由巴伐利亚国王马克西米利安二世同年创建的历史委员会上所作的专题报告，目的是要进一步确定历史委员会的任务和可能性。所有这些专题报告最早于1859年发表在《历史杂志》第1卷上。兰克的贡献表明了"普鲁士人"兰克的问题，在巴伐利亚建立全国的科学团体，特别是他试图针对这时频繁的历史协会活动（这位"会员"兰克将外行行为和地方观念置于历史协会活动之中）赋予历史委员会特殊的地位。他为历史委员会找到了可与法兰西学术院（die französische Akademie）相匹敌的特殊位置，负责重大项目的出版工作。所以，兰克的研究报告是历史资料大规模出版的里程碑，这尤其影响了19世纪下半叶的德意志历史科学。

1858年9月30日预备会议上所作呈文

（最早刊登在《历史杂志》上，由海因里希·冯·西贝尔出版，第1卷第28—35页。）

学术协会一直以来都是地方联系一般科学的纽带。因为，如果协会习惯于除了吸纳正规和本地的成员，也接纳外国的成员，那么这更多是被视为一项荣誉，而不能成为真正的工作团队。而对于那些其首都本来就是精神生活中心的国家来说，这可能已经足够了，正如人们毫无疑问地将法兰西学院（das französische Institut）看作法国国家科学生活的标志。而在德意志则不同，协会大多数与最负盛名的国立大学联系在一起，有普遍综合的志向和原初多种多样的组成部分，这必然或多或少带有一种地方特征。

长期以来，我们感到一个全国性的科学工作者的联合会与合作组织是有益的和众望所归的。这起源于这个专业或那个专业的学者们的自由集会，它们近几十年来激励并促进了国家科学集体生活。不时有人会谈到一个普遍的德意志协会，但在我们这种情况下，要想让知名且有影响力的学者在一个地方永久居住是不可能的，况且这也许根本是不可取的，因为德意志的本质建立在教育的推广和各个领域学问的传播，以及各方对文化事业的多重关注上。

与此相反，这个专业或是另一个专业正在推行着一种近似于普遍联合的行动，我的意思是，一个暂时却有规律的、固定在某地的但在名义上完全属于德意志的合作团体，在这个团体中重要的是真正的团队工作，而不是社交性的观点交流。在我看来，我们在一位慷慨的君主的庇护下共同来成立一个联合会，它有一个固定的中心，但包括了来自不同地区的学者，拥有作为保障的基金，为着一个确定的目标。除了支持德意志通史，还有哪一个目标更适合这种联合的本性呢？这一协会的意图和形式是完全协调一致的。

请允许我勾勒一下我所设想的目标。

在德意志有许多历史－古物协会，它们对地区史的特殊性持续地表现出浓厚兴趣。也许有人认为，一个德意志通史学术协会应该在这些协会中起到带头作用，应该将它们团结起来，共同努力。但这既没必要，也没用：一来没有必要，因为已经成立了在每年年会上交换信息的协会委员会；二来没用，这与协会的本性相违背，它的基础是众多的会员亲自参与当地的文物和历史研究工作。我们的目标和它们的目标在本质上是不同的，不是针对个别地区，而是针对整个祖国的德意志通史。

我们中没有人会反对，整体只是部分的联合。从地理上讲这是非常正确的，但从历史上讲不是这样的。在这方面，我们的确可以重复哲学家的话，先有整体后有部分，比如这在德意志东部的历史上就表现得很明显。没有这种有意识传播的德意志整体的思想，那怎么想象到古老的骑士团国家的兴起呢？

在我们这里不像在意大利：统一的概念是一个地理上的民族概念，这种统一本身可说既没有在古代也没有在近代出现过。我们的历史基于整体的理念。在意大利，一本地方历史的汇编可以大致反映整个历史；在我们这里，要把地方历史作为整体汇总到一起，若人们要对这些材料进行相应处理，在成员们自始至终四处分散的情况下，几乎是不可能的。在我们这里，统一是始终具有代表性的。不同成员甚至最强大的成员的解体，也从来没能使其分裂。民族的生命建立在特殊性与普遍性不断相互作用的基础之上，后者却始终是更强大的要素。如果想由地方历史拼凑出一部德意志史，那么将会出现大量令人费解的记录！特殊的邦国史只有从德意志通史中才能获得光明和生命。即使发自特殊性，若其与架构并不完善的普遍性相矛盾，整体的利益也要占据主导地位。我们的学术联合应致力于研究关系到所有人、影响到所有人的，统治民族生命的那些重大事件。

显然我们无法给自己设定目标，以恢弘的手笔创作出一部包罗民族史的史学著作，这样一部作品只能由一位伟人来完成。

但即使不考虑是否会产生一部名副其实的德意志通史，对史料的有序编纂也具有客观和不可估量的价值。我们主要会依靠这些史料，需要对此做些什么将是我们审议的主题。

这个普遍的和最被认可的共同行动的目的，是出版未被知晓的或以更好的文本表述史料的文章和原始材料。不过这部令人称赞的《德意志史料集成》（*Monumenta historica Germaniae*）的汇编工作早就在进行了，并以不懈的努力延续了几个世纪，还期待着收获经得住推敲的丰富信息。维也纳皇家科学院也出版了另一系列出版物，其中具有重大价值的是始于 15 世纪的教会史汇编。显而易见且确定的是，我们不应同它们两者中的任何一个进行竞争。而我们团队的工作是要收集帝国议会档案，这同样是一项规模宏大的事业，人们可以期待它从一开始就有所教益。然后我们要完成由另一个委员会开始做的公报。如果要进一步选择巴伐利亚档案中的信息，则须首先考虑那些超越地方兴趣同时显示出对德意志通史的兴趣的记载。还有一些其他的东西需要考虑，尤其是中世纪后期编年史中关于民族及其重要制度的通史的真实材料的编年。这方面的精确提议还是由其他尊敬的与会者们给出比较好，我主要还想谈谈我们工作的另一个方面。

除了对古代的史料文章和原始材料的出版外，我想建议，我们也尝试出版一些新的、在这个领域众所期盼的、与某种理念结合的作品。

谁会不知道，那些特别专注于批判与研究领域的作品主要受到图书业现状的阻碍，而图书业需要公众的广泛参与。德意志图书业在这方面的工作胜过法国或者英国，但还是不够。撰写综合性学术著作间或停滞不前，因为它看起来刊布无望。正在此时，国王的宽厚慷慨如雪中送炭，物质上的阻碍迎刃而解。

我首先想到的是一部德意志编年作品，它从最初的起源写到当下，对我们的历史进行批判的修订。这部作品不是供一般公众阅读的，而是为那些潜心从事历史研究工作的人提供方向和指导。

经验表明，拥有正确方法的年轻学者非常适合在这种工作中执行主要任务。他们同时还会找到机会，加入有价值的材料，并发挥他们的才能。有闲暇的年长学者在这项工作中将得到更大的利益，前提是他们的报酬得到保障，在德意志的环境下这对他们来说是不可或缺的。此外，在我看来，应该设定一些有特殊特征的、与时代或世纪相关的划分。并不是好像我们一下子就能全面着手进行，但是可以同时从不同的地方开始行动。

应该避免走入两种歧途。这项工作不应有类似工厂式的规矩，它必须始终是完全专注于事实的、有科学依据的精神的产物，并且在观念当中不允许掺入奇特的思维方式或者政治宗教趋势，工作人员必须只能通过辛勤研究来寻求揭示客观内容。

我相信，从法兰克王国的兴起到霍亨斯陶芬王朝的灭亡，与其相关的编年史整理工作会在不太长的时间内完成。

顺理成章，接下来是巴伐利亚史与德意志通史最为契合的14世纪，作为构成整体的组成部分的单个作品，是不是可以先行出版呢？

我听到反对意见，认为对史料文章的再版尚未取得足够进展，无法全方位地提供坚实的基础。目前从大范围来看情况确实如此。然而这些史料文章互为补充、相辅相成，并非是一部整体性的作品，而只是我们希望激发的进一步研究的基础。如果能在一部集大成的著作中看到批判地审视德意志史的编年，能从中获取借鉴是一件美妙的事情！

另一项已在进行中且与学术委员会的目标完全一致的工作，涉及中世纪德意志史学史。

我对历史协会不以为然之处在于，学术委员会应该视德意志史的学术整理工作为己任：不是个人的自发参与，而是把他们联合成一个整体，并促成一项为了共同目标的行动。

不过，我想对史学史再补充一点，特别想提请各位尊敬的先生注意。

如今人们通常所说的德意志民族文学，被认为只是诗歌及一些与其密切相关的作品，而德意志民族的文学活动却耕耘着一片更为广阔的天地：只有把所有分支领域都包括进来，才显示出整体的民族精神生活。对诗歌的历史已有很多研究，它并不需要我们的辅助，但对于科学研究及其成果的历史而言，缺乏任何连续的教益。如果能在德意志产生一部科学史，那它肯定将是一部真正的民族作品。

法国也在做一项类似的工作，并取得了缓慢进展，但我并不建议将其作为典范。如果说在政治史上要首先处理较早的时期的话，那么我建议在文学史和科学史方面，先处理最近的时期。毫无疑问，我们应该从 15 世纪下半叶开始；16 世纪和 17 世纪重要的是，尽可能抛开神学之争，而只强调那些专注于普遍科学的活动；最突出的重点还是要放在 18 世纪和 19 世纪初的科学史上，即德意志的科学精神达到完全发展的时期。

困难在于，精密科学已经属于从我们的观点出发所能掌握的另外一个研究领域了。无疑，一位专业的自然科学研究者理应阐释地质学的进步，一位博学的医学家理应阐释药学的发展，而我认为，在我们协会所属的学院中，我们会找到志同道合的同仁。

诚然，科学没有民族的界限。我们必须始终对世界上一般科学工作的动向了如指掌，而民族的参与是非常重要的，同时代的研究的相互影响将在民族的内部生活中展现出一幅崭新的画卷。

请允许我再提及另外一个想法。提议两项包括了国家和科学的工作。而对于那些在这项工作中发挥了积极作用的人士，对他们给予特别关照难道不是有益或必要的吗？所以我才站在第三者的立场上，建议为这些知名的德意志人撰写一部概括性的生平传记，或许可以是一部辞典形式的作品，用多卷本为所有值得一提的名字提供公正的信息。

还有其他的一些提议，例如一部必须涵盖日耳曼各部落和族群的语言、法律、风俗和文物的日耳曼古代科学手册，这方面的工作要做得既精准又详细，而非一般的科学合成汇编。我不会反对，为这样一本著作进行高价的招募。

我还是就此打住吧。我主要意在前两项提案：德意志通史年鉴和科学史，我希望获得与会众人的同意。

我认为，我们必须立足目标，然后才考虑成立学会。因为我们这里是一个大会，必须尽其所能发表自己的意见。依我所见，原则必须是，组建一个明确的、完全符合既定目标的协会：不接受那种不协作的人，或者想在要通过大家的联合力量去解决的任务中得到某些领导权的人——在向对方提出建议时也许得首先询问一下，他们的接受程度如何，以及他们愿意接受的程度如何。

我并不否认在研究性质的学会中相互承认的价值，这样做会有很多机会：我们的学会不是为了这个目的，而只是为了促进一项伟大的工作。它将把来自祖国各个地区的那些想参与其中的人团结起来。

《17世纪英国史》第8卷导言

[1868],(=《全集》,第21卷),莱比锡1879年,第113—116页。 Einleitung zum 8. Band der *Englischen Geschichte vornehmlich im siebzehnten Jahrhundert* [1868] (= Sämmtliche Werke, Bd. 21), Leipzig 1879, S. 113-116.

导言意在说明兰克进一步的做法以及介绍其《17世纪英国史》的史料。人们在其中找到了兰克史学方法论成果中为数不多的一个例证。人们所称的史学工作的三个步骤,即批判地研究史料、非党派的观点、客观的表现,客观性概念尤其受到特别的关注。兰克并不将这一概念理解为经常属于它的质朴意义,而是理解为"理想"。"关于过去的全部真理"的再现作为史学工作达到的目的的提示清楚地表明,如果其结果"在进一步的研究和批判面前能够站得住脚的话",那么兰克的"客观性"就继续与一种可以通过富于经验的工作达到的"科学的可信性"相提并论。这样的表述仅限于显示兰克的决心,"只是要表明,过去究竟是怎样的",在这样的背景中,同样更应该理解为纲领性的理想(见《〈罗曼与日耳曼族群史〉前言》)。

在当今，史学研究比以往更多地致力于过去诸世纪的原始历史遗迹。解密亚述和埃及的历史文物，收集希腊和罗马的铭文，编辑中世纪的文书和著作，研究近代档案，所有这一切不论研究对象、研究手段，甚至对此所需的思维能力多么不同，但都出于同样的目标，即超越因袭的传统，成为根植于、源于生活的大师，像看到当下一样亲眼见证过去。

近代也在不止一个民族中产生了真正堪称天才的历史写作者，他们也许可以与古代的大师们相提并论。然而对后者不利的是，与近代这些人相比，他们处于与当今的研究截然不同的境况。因为，古代的历史发掘几乎未触及所描述的历史活跃的政治事件领域，近代的档案研究则主要致力于这一领域。古人孤独挺立着面对一个业已消亡的世界，他们几乎无法获取来自其他信息渠道的批判。相反，后人处于一个极度开阔的范围中，他们的创作所依据的材料仍然存在，而且除此之外，还有无数其他关于时刻发生的题材的见证，这些时刻出自事件本身的过程及其相互联系。

我贸然说一句，我认为先前时期的档案研究比当前的研究见解有更多优点。相比于以一时的激情和兴趣而陷入的亲密关系，它能够更全面和更清晰地揭示真实的情况。任何时候都有一些事情有必要保守秘密，从而被有意歪曲。内部的状况通过成果才得以昭示。处于斗争之中的对立的意图都不可能产生公正。正是从同时代人的冲突中产生了大部分同时期的历史作品，它们确定了历史的传统。其本身的价值有时是不可估量的。但为了不完全依赖它们，以及不让它们的错误、无意识或有意识的举措和失之偏颇继续传播下去，有必要寻找一个更广泛的描述基础，这只能通过研究那个时代的原始文件，以及后来所作的阐释，才能够获得。

我认为，这尤其适合德意志历史研究的方法，即按照民族天才的想法，像对待自己的历史一样费尽心力地致力于总结其他各族群的历史。那我们就不应该被在任何民族、在任何时候由于政治趋势的反作用而形成的片面观点所束缚和左右。否则，就永远别想有一部具有客观价值的通史。

一切事物都相互关联；批判地研究史料；非党派的观点；客观的表现；目的是再现关于过去的全部真相。

我在这里树立一个理想，人们会对我说，它是不可能实现的。事情就是这样：理念是无穷的，能力就其本质而言是有限的。如果我们选择了正确的道路，并且取得能够经受得住进一步研究和批判的成果，那么我们就是幸运的。

既然我们现在考虑全力以赴整理英国的历史，特别是它对欧洲整体的发展最大程度地起决定性作用的那个时代的历史，并对此获得一个独立于英国的史学家及两个派别的传统观点的独立见解，那么，首先对英国档案本身，此外还有对涉及受事件影响的国家的消息报道，进行一个全面的考证是必不可少的。

在前言中我就已经说过，档案中的信息对我而言部分是极纷繁而新奇的。威尼斯的报告体现出的是知识界对这个岛国内部状况的深切关注，这样尤其是普遍的政治立场因而会受到影响。法国的卷宗显示了法国对英国重大事件的各个阶段极其活跃的参与，甚至在其中发挥作用，有时还与英国的最高权力联系在一起，更多的是同它们处于敌对状态。我们已了解克伦威尔、詹姆斯二世时期及威廉三世时期若干年当中法国公使的报告，查理一世时期在内战之前和内战之中的报告的价值亦不可小觑，关于跨度四分之一个世纪的查理二世时期的报告或许具有更大的价值：这些都是授意而为之作，这些通讯报道的披露将构成真正丰富的历史政治文献。还不止这些！世界大事的重大关联出现在向罗马及西班牙宫廷汇报的报告中。在某些时期，由于两国之间的政治联系，荷兰档案变得非常重要——威廉三世和海因修斯（Heinsius）之间的通信是无价的。勃兰登堡与英国的关系没有那么密切，但总还是足够亲近，来自伦敦的消息在柏林仍持续得到关注。在威尼斯报告中断了的地方，或是早先的认知无法求证之处，在威廉三世时期就有了勃兰登堡的报告。它们并非来自委任公使们的日常业务，而是来自一些法裔居民，他们在长期的居留期间完全熟悉了英国的状况，这些报告时不时地填补国内议会谈判中的遗漏。尽管传到大陆的资料丰富，但它们亦不能拼凑起一部完整的历史。英国国内的案卷和记录、议会的日志，为后来几十年的内务部长通信建立了另外的基础。档案室保存着大量内政外交的重要档案，却并不像人们猜想的那么完整。不列颠博物馆提供了一些在档案中寻找无果的东西：我在托马斯·菲利普斯（Thomas Philipps）爵士收集的内容丰富且乐意开放的手稿宝藏中寻找并找到了其他一些东西。

如果将我手头收集到的所有东西悉数汇报——即使只是选取有用的部分——我也要写上好几卷，而且还得担心，它们不能令所有人满意。不过我还是找到了一些本身值得汇报的东西，比以往的叙事更能揭示事件的某些重要时刻。我想，在这部著作中，我带来的是这些内容，同时综合了一些对先前作者的批判，这可以被视为对内容的补充。

沉 思

[1877]，见：《个人生活史》(=《全集》，第 53/54 卷)，莱比锡 1890 年，第 613 页。

Betrachtung [1877], in: Zur eigenen Lebensgeschichte (= Sämmtliche Werke, Bd. 53/54), Leipzig 1890, S. 613.

注明日期是 1877 年 1 月的格言式的或未完成的文章的来源，我们无从知晓。显而易见的是，几乎与在其他场合一样，兰克在这里没有谈论他的政治信仰。他拒绝认同共和国，而将君主政体视为一种国家形式。这种国家形式"不束缚天赋"，为文化奠定了可靠的基础，并"自主地干预世界事务"。最后一句话包含了精辟的妙语，在"严格限制"君主政体"形式"的情形下，确保反对君主政体的权利。

俗话说，诗人是天生的。不仅是艺术，某些科学也是，常常在人的发展的最初几年里就达到其顶峰，呈现出创造性的能量。音乐家和数学家有幸能够在早年就获得完美的成就。史学家必须等到年长，这不仅是因为关于历史发展的学识所需要的研究范围广博无限，而且还因为在漫长的生命中出现的时代更迭，世事变迁。那些伟大的前辈们生活在共和政体的运动中；所有史学家中最博学且也许最有影响力的那位处于共和政体和君主政体的交界，受到前者的滋养，而不受刚刚进入接受普世文化阶段的后者的阻碍。对一个近代史学家来说，当属于君主制国家的他，恰恰进入这样一个不会束缚他才能的时代，这是一种幸运。但是如果只给他短暂的一段时间，这对他是没有帮助的。目睹大事件的发生，亲历摧枯拉朽，试图破旧立新，都属于他的成长发展。人们常说，如果要详细地谈论创建国家行政机构的话，史学家必须亲自参与其中，这确实如此。但史学家的全面发展并不以此为前提。必要的只是真正参与到事件当中，并尽可能真切地结识参与到同样事件中的人，这样就能亲眼见证事情发生的变化。我向来支持君主政体，它为文化奠定了可靠的基础，并自主地干预世界事务。但是，我从来不属于它的某种狭义形式。

口述记录摘要

[1885年11月],见:《个人生活史》(=《全集》,第53/54卷),莱比锡1890年,第58—62页。

Auszug aus dem *Dictat* [November 1885], in: Zur eigenen Lebensgeschichte (= Sämmtliche Werke, Bd. 53/54), Leipzig 1890, S. 58-62.

摘自兰克回顾自己过往90年生活的口述记录片段,展现了关于兰克在莱比锡和奥得河畔法兰克福研究和教学的年代的情形。尽管对自身发展的某种追溯的理想化得不到承认,这篇文章还是证实了兰克受到一些重要因素(哲学的烙印、阅读的经验、宗教的思想世界)的影响,它们促使兰克下定决心走上历史科学的道路。

对个人生活描述的几点看法

我在这时[1] 来到莱比锡大学。聆听到相关的学术讲座给我留下深刻印象,哲学学习和历史学习在这时才开始。诚如人们常说的那

---

[1] 即1814年。——译者注

样，为了给我自己的学习找到更多的时间和空间，我比通常情况早到了大学。即使是戈特弗里德·赫尔曼的讲座也不能完全使我满意，因为他重视韵律学，而我对此从未真正理解过。但令我难忘的是他关于我现在才能够理解的关于品达（Pindar）的讲座，关于赫西俄德（Hesiod）和希腊神话的讲座，以及最主要的是关于希腊语法的讲座，从中我理解了语言的全貌，包括语法规则的逻辑性论述，它令我的精神得到满足。克鲁格（Krug）的讲座，因其辩证的明确使我受益，使我可以从康德主义者过渡到康德本人及其更加著名的后继者们。我购得了康德的《纯粹理性批判》，并在灯下进行了很多研究。给我留下最深刻印象的是费希特，当然主要是他与宗教和政治相关的通俗作品。我极为赞赏《对德意志民族的演讲》。但我仍然对历史颇为陌生。在手册中我看到的只是大量笔记，它们的晦涩难懂及枯燥乏味，令我望而却步。对我的历史研究影响最大的是尼布尔的《罗马史》。对李维和狄奥尼修斯的模仿和再现，还有尼布尔的表现，在某些地方散发着真正的古典精神，这使我坚信，近代也可能有历史学家。在那个时代，歌德声名远扬，他本人也把新古典主义引进了生活与研究工作之中，并在这方面为民族意识的形成做出了极大贡献。他当时是德高望重的。在我的同学中，我是他最大的崇拜者，但就模仿他来说，当时我没有勇气，也没有那份冲动：他对我而言实在是太超前了。那时我就已在寻找更古老的、根植于民族深处的语言形式。我选取路德，起初只是为了向他学习德语，以及掌握新德语书面语言的基础，但同时，我却被这众多的资料和他发表的历史作品所俘获。1817年我真的试图以路德的语言来概述他的故事。人们知道，我的神学问题存在于我灵魂深处。我从未放弃神学学习。奇尔纳（Tzschirner）的教会史讲座是我最感谢的讲座之一。当我继续翻译希腊作家的作品时，我还加上了希伯来文本的德文翻译。

受聘到奥得河畔法兰克福的高级中学任教将我从千头万绪但均有所钟的研究工作中解脱出来，这归功于一位出色的语文学家，他曾和我一起在克里斯蒂安·丹尼尔·贝克（Christian Daniel Beck）领导的语文学研讨班协作过，并且很早就当选为法兰克福高级中学的校长。在这方面，普鲁士和萨克森之间没有区别；但在其他各个方面，我从莱比锡的社交生活转移到一座美丽的普鲁士城市，这是我所经历过的最大的变化，就像图林根和我的家乡与普鲁士合并一样。公共生活是截然不同的。在法兰克福，对过去的战争仍记忆犹新，甚至主导着餐桌上的谈论话题。另一种思想氛围注定会吸引和俘获我。让我再回到欧洲思想的不同派别的区别上来。普鲁士属于君主制和保守派，但由于为胜利做好准备的伟大变革，又变得温和而兼容并蓄。众所周知，1819年、1820年和1821年的对立思潮是多么活跃地相互碰撞。不久后，跟着我来到法兰克福的弟弟，追随雅恩（Jahn）和一种与体育结合在一起的思想。我也跟他们走得很近，但从来没有加入他们。我的研究工作在此期间渐入佳境，我现在完全成为历史学家，我的职位使得我有近水楼台的机会。一开始，我就把历史研究与自己的研究志趣相结合。那时我通读了希腊和拉丁语历史学家的作品，而且是最大范围地，并将它们吸纳到我的著作中，这给了我的著作不寻常的色彩，并为我赢得了一些喝彩。

但是我不能停留在古代。社会状况本身促使我进入近代。没有人能够理解，我是如此地被从罗马时代到日耳曼时代的过渡时期所深深吸引，不能自已。我着迷似地阅读胡果·格劳秀斯（Hugo Grotius）关于那个时代，即人们所说的民族大迁徙时代及接下来的时期的汇编报告。幸运的是，我可以使用一个大图书馆，它由法兰克福大学一位图书馆管理员所创办，那时已不再被使用了。我可以笃定地使用里面各个世纪的真实文献，这样使我比其他人更能独立于时事纷争。还有一个要素我不能不提。19世纪20年代人们坚信，欲知未来须更深入国家的基础。沃尔特·司各特的浪漫历史作品在各个国家家喻户晓，其主要贡献在于，激发人们参与过去时代的人们的所作所为。它们对我也具有足够的吸引力，并且我饶有兴致地阅读了不止一部作品。然而我对这些作品却不以为然。主要伤害我的是，他在《昆廷·杜沃德》（Quentin Durward）里对勇士卡尔和路易十一世的叙述，甚至在细节上都与历史流传完全相悖。我研究了科米纳①及科米纳的新版作品所附的同时期的报告，我确信，如司各特所描述的勇士卡尔、路易十一世根本不存在。这位可敬的学识渊博的作者自己也是知道这些的；可我不能原谅他的是，他在他的描述中采纳了完全非历史的特质，并将它们这般呈现，如同他相信如此。相比之下，我确信，历史上流传下来的东西本身比浪漫小说更美妙且肯定更有趣。由此我完全回避了这样的作品，并且有这样的

---

① 菲利普·德·科米纳（Philippe de Commynes, 1446—1511），法国外交家、历史学家和杰出的编年史作家，曾写过《1464—1498年回忆录》，曾任路易十一世和查理八世的枢密顾问。

想法，在我的著作中要避免一切想象和虚构，而严格遵循事实。

如果我在此依赖同时代的那些作家及权威，那么也会出现类似的困难。首先是在我现在关注较多的两位杰出作家圭恰迪尼（Guicciardini）和乔维乌斯（Jovius）关于近代史开端的比较上，我发现许多无法协调的差异，我不知道，我该何去何从。乔维乌斯特别讲求客观实际，详尽地揭露了大量有用的信息；圭恰迪尼则对时事政治更加敏锐而先知先觉。如果想要得到真相，那么就不可能在他们之中作出选择，而是要将他们结合起来。既然还提到了这一时期的许多其他作家，假如他们都有着各自的独到学识，那就有必要将他们都拉进来，这样才有理有据。如果证实圭恰迪尼是所有人之中最具才华的那个人，而又与那些作家不相为谋，另一方面恰恰是由他们主笔，那么结果就是，对这一时期历史学家的批判是绝对必然的。甚至同一时期的几位德意志作家也不能被排除在外。结果表明，斯莱达努斯关于查理五世皇帝选举的那份著名报告却是摘自一个片面的、大部分虚构的故事，这位作家根本就不知道有一份真实文件，从中可以获得对事件的全面了解。在这里，我既没有顾虑到意欲赋予传统之意义的尼布尔，也没有完全顾虑到对这些作家逐一进行批评的戈特弗里德·赫尔曼，尽管我十分钦佩这两位伟大的人物。这个过程水到渠成，毫无僭越妄为；对于我目前正在研究的时代而言，也有所助益。早已广为人知的路易十二世的信件，为评判重要的政治决定提供了可靠线索。不过就在它们终止的地方，我也必须打住了。

附 录

兰克主要著作

1824　《罗曼与日耳曼族群史（1494—1514）》
　　　Geschichten der romanischen und germanischen Völker von 1494 bis 1514

1827　《16、17世纪南欧的诸侯和人民》
　　　Fürsten und Völker von Süd-Europa im sechzehnten und siebzehnten Jahrhundert

1834—1836　《16、17世纪的罗马教皇及其教会与国家》（后续版本作《近400年的罗马教皇》，即《教皇史》），3卷
　　　Die römischen Päpste, ihre Kirche und ihr Staat im 16. und 17. Jahrhundert (Die römischen Päpste in den letzen vier Jahrhunderten), 3 Bde.

1839—1847　《宗教改革时期的德意志史》，6卷
　　　Deutsche Geschichte im Zeitalter der Reformation, 6 Bde.

1847—1848　《普鲁士史九书》，3卷
　　　Neun Bücher preußischer Geschichte, 3 Bde.

1852—1861　《16、17世纪法国史》，5卷

　　　　　Französische Geschichte, vornehmlich im 16. und 17. Jahrhundert,
　　　　　5 Bde.

1859—1869　《16、17世纪英国史》，7卷

　　　　　Englische Geschichte, vornehmlich im 16. und 17. Jahrhundert,
　　　　　7 Bde.

1867—1890　《全集》，54卷

　　　　　Sämmtliche Werke, 54 Bde.

1869　《华伦斯坦传》

　　　　Geschichte Wallensteins

1871—1872　《德意志诸邦国和诸侯同盟：德意志史（1780—1790）》

　　　　　Die deutschen Mächte und der Fürstenbund. Deutsche Geschichte
　　　　　von 1780 bis 1790

1872—1888　《论文与试笔》，2卷

　　　　　Abhandlungen und Versuche, 2 Bde.

1877　《首相哈登贝格侯爵回忆录》，5卷

　　　　Denkwürdigkeiten des Staatskanzlers Fürsten von Hardenberg,
　　　　5 Bde.

1881—1888　《世界史》，16卷

　　　　　Weltgeschichte, 16 Bde.

1887　《19世纪德国和法国的历史》（阿尔弗雷德·多弗编辑出版）

　　　　Zur Geschichte Deutschlands und Frankreichs im 19. Jahrhundert,
　　　　hg. v. A. Dove

兰克生平年表

1795　12月21日，弗朗茨·利奥波德·兰克生于德国图林根温斯特鲁特河畔的维厄，父亲戈特洛布·伊斯拉埃尔·兰克是律师和法律顾问，母亲名为弗里德里克·兰克（父姓勒米克）

1807—1814　先入多恩多夫的修道院学校，后进普福尔塔的贵族学校

1814—1817　在莱比锡大学学习古典语文学和福音新教神学，导师是戈特弗里德·赫尔曼、克里斯蒂安·丹尼尔·贝克；以研究修昔底德的博士论文获得博士学位

1817　在柏林通过高级教师职位资格考试，成为奥德河畔法兰克福市高级文科中学的历史和古代语言教师

1825　被任命为柏林大学历史学副教授

1827—1831　在维也纳和意大利游历并研读档案馆史料

1831　主持《历史政治杂志》工作（1836年停刊）

1833　创立"柏林专题研讨班"

1834　成为柏林大学历史学正教授

1841　被任命为普鲁士国家历史学家

1858　根据兰克的倡议，巴伐利亚国王马克西米利安二世在慕尼黑巴伐利亚科学院设立历史委员会，兰克担任该委员会主席

1865　获得普鲁士贵族身份

1871　结束大学讲座生涯

1886　5月23日，逝于柏林，安葬在柏林索菲教堂墓地

德国政治思想史大事记

1789　法国大革命

1792—1797　法国与奥地利和普鲁士的战争

1797　普鲁士国王弗里德里希·威廉三世登基

1799　法国拿破仑政变

1799—1802　法国与英国、俄国、奥地利、葡萄牙、那不勒斯和土耳其的战争

1803　德意志帝国特别代表团总决议,全部教会财产移为俗用

1803　约翰·戈特弗里德·冯·赫尔德逝世

1804　康德逝世

1805　席勒逝世

1805　法国与英国、俄国、奥地利和瑞典的战争

1806　德意志民族神圣罗马帝国解体

1814　费希特逝世

1814—1815　维也纳会议

1815　拿破仑在比利时滑铁卢最后失败;俄国、普鲁士和奥地利订立"神圣同盟"

1818—1820　诸多南德意志邦国(包括巴伐利亚)实施现代宪法

1819　卡尔斯巴德会议(Karlsbader Konferenz),压制自由和民族运动

1830　法国七月革命,动乱席卷诸多德意志邦国

1831　黑格尔和尼布尔逝世

1832　司各特和歌德逝世

1835　威廉·冯·洪堡逝世

1840　普鲁士国王弗里德里希·威廉四世（Friedrich Wilhelm IV）登基

1847　共产主义者同盟在伦敦成立

1848　欧洲各国首都包括柏林爆发资产阶级革命；巴伐利亚国王马克西米利安二世登基

1850　普鲁士爆发的革命失败，强制推行普鲁士宪法

1853—1856　英国和法国与俄国的克里米亚战争

1854　谢林逝世

1860　弗里德里希·克里斯托夫·达尔曼逝世

1861　普鲁士国王威廉一世（Wilhelm I）登基；弗里德里希·克里斯托夫·施洛瑟和弗里德里希·卡尔·冯·萨维尼逝世

1864　奥地利和普鲁士与丹麦的战争

1866　德意志与奥地利之战

1867　北德意志同盟成立

1870　普法战争

1871　德意志帝国成立，普鲁士国王威廉一世当选为德意志帝国皇帝；格奥尔格·戈特弗里德·格维努斯逝世

1873　"三皇同盟"，奥地利－匈牙利、俄国和德意志帝国结盟

1883　卡尔·马克思逝世

1884　约翰·古斯塔夫·德罗伊森逝世

1888　德意志帝国威廉一世皇帝去世；弗里德里希三世（Friedrich III）登基，不久去世，之后威廉二世（Wilhelm II）皇帝登基

译后记

作为德国历史上重要的历史学家和教育家,兰克已逐渐为广大中国读者和学者所熟悉。此次应北京大学出版社之邀,把兰克的一些重要篇章翻译出来,希望《兰克史学文选》能够给中国读者一个更深入了解兰克的机会。这次收录的有兰克的书信、讲义、手稿等等,呈现兰克对国家、民族、宗教、历史、哲学的看法。本书共包括18篇论著,其中第1、2、3、4、6、7、9、10、12、13、14、17篇由王韶阳翻译,第8篇由燕宏远翻译,第5、11、15、16、18篇由齐树仁翻译,王韶阳统稿。

在翻译过程中得到约尔丹博士的不吝赐教,十分感谢。

这本书的翻译工作由于种种原因前前后后经历了十余年的时间,但正像兰克所说:"我期望有兴致的读者不要去关注它的缺点,而是更多关注它可能具备的优点。"希望我们的努力能够令读者满意,给同道者带来精神的享受和心灵的启迪。我们将深感欣慰。

译者
2023年12月